Mark Littleton

Espresso beten

Entdecken Sie die Kraft des kleinen Gebets

Über den Autor

Mark Littleton hat bereits über 70 Bücher zu den verschiedensten geistlichen Themen veröffentlicht. Der ehemalige Pastor und Jugendpastor ist ein beliebter Redner auf (Jugend-) Konferenzen und lebt mit seiner Frau Jeannette und den vier Kindern in Kansas City.

Mark Littleton

Espresso Beten

Entdecken Sie die Kraft
des kleinen Gebets

Deutsch von Eva-Maria Nietzke

GerthMedien

FSC
Mix
Produktgruppe aus vorbildlich bewirtschafteten Wäldern und anderen kontrollierten Herkünften
Zert.-Nr. SGS-COC-001940
www.fsc.org
© 1996 Forest Stewardship Council

Verlagsgruppe Random House FSC-DEU-0100
Das FSC-zertifizierte Papier *München Super Extra* für dieses Buch liefert Arctic Paper Mochenwangen GmbH.

Die amerikanische Originalausgabe erschien im Verlag Howard Books, a division of Simon & Schuster, Inc., New York, unter dem Titel „The Ten Second Prayer Principle".

1. Auflage 2010
Bestell-Nr. 816 409
ISBN 978-3-86591-409-5

Umschlaggestaltung und Illustration: JoussenKarliczek GmbH
Satz: Typostudio Rücker
Druck und Verarbeitung: CPI Moravia

Für Jeanette, die mir jeden Tag etwas Neues zum Thema Gebet beibringt.

Für Nicole, für die ich jeden Tag bete.

Für Alisha, die anscheinend jeden Tag etwas Neues über die Kraft des Gebets erfährt.

Für Gardner, der mir erlaubt, jeden Abend mit ihm zu beten, obwohl er wahrscheinlich lieber mit seinem Nintendo DS spielen würde.

Für Elizabeth, die mit ihren drei Jahren jeden Abend zuhört, wenn ich für sie bete, und mir dann einen schönen feuchten Kuss gibt.

Inhalt

Einführung:

Bekenntnisse eines miserablen Beters

Das vielleicht kürzeste Gebet, das von Christen regelmäßig gesprochen wird, lautet: „Herr, hilf mir!“

Ich selbst habe das schon unglaublich oft gebetet. Zum Beispiel, wenn ich meine Schlüssel verlegt habe – was etwa einmal pro Woche passiert. Oder wenn ich andere Dinge nicht finden kann – etwa meine Dreijährige im Einkaufszentrum. Wie kommt es nur, dass sie sich so leicht aus dem Staub macht? Nun ja, das liegt vermutlich daran, dass ich sie nicht *jede einzelne Sekunde* im Auge habe. Ja, wir Väter brauchen manchmal Nachhilfestunden in der Betreuung von Dreijährigen.

Ich weiß, wie viel Kraft in einem kurzen Gebet steckt, das von Herzen kommt.

„Äh, Herr, kannst du mir einen Tipp geben, wie ich das Ameisenproblem in meinem Haus in den Griff bekomme?“

„Gott, kannst du nicht irgendetwas wegen dieses Staus unternehmen? Ich möchte jetzt wirklich gern nach Hause.“

„Übrigens, Jesus ... könntest du mir nicht einen freien Parkplatz zeigen? Ich habe keine Lust, in dieser Hitze kilometerweit zu laufen, um mit meiner Tochter Sportkleidung zu kaufen.“

Und: „Herr, kannst du nicht dafür sorgen, dass die Kansas City Royals mal ein Baseballspiel gewinnen? Sie verlieren immer, und das stinkt zum Himmel. Ich wette, du kannst es sogar dort oben riechen."

Kurze, schnelle Gebete ohne großen geistlichen Hintergrund sind meine Spezialität. Wie steht es aber mit längeren, tiefen, leidenschaftlichen und von Herzen kommenden Gebetszeiten, bei denen es um mehr geht? Gebeten, in denen man stundenlang auf Knien mit Gott ringt, ihn anfleht, wirklich dranbleibt?

Diese Art von Gebet fällt mir wirklich schwer. Und an dieser Stelle muss ich ein Bekenntnis ablegen: Ich war noch nie in der Lage, lange und ohne Unterbrechung zu beten. Wenn ich „lange" sage, meine ich damit, mich eine Viertelstunde oder mehr ganz auf Gott auszurichten und mit ihm zu reden, und das täglich über einen längeren Zeitraum, sagen wir einmal einige Monate. Wenn ich auf die Knie gehe, um zu beten (oder in meinem Sessel sitze oder in meinem Bett liege), fällt mir meistens nach fünf bis zehn Minuten nichts mehr ein. Natürlich, ich danke Gott für verschiedene Dinge, bekenne ihm meine Fehler, bitte ihn um dies und das und so weiter, aber wenn ich dann auf meine Uhr blicke, sind höchstens fünf Minuten vergangen.

Eine Methode, die mir hilft, länger bei der Sache zu bleiben, besteht darin, beim Walken zu beten. Ich gehe jedoch nicht jeden Tag, und außerdem können Krankheiten und andere Probleme mein Trainingsprogramm durcheinanderbringen. Und diese Unterbrechungen bringen dann wieder mein Gebetsleben durcheinander. Wenn ich meine Augen nicht offen und die Füße in Bewegung halten kann, verliere ich den Fokus und bin nicht mehr in der Lage zu beten.

Vor vielen Jahren las ich einmal einen Satz – ich weiß nicht mehr, von wem er stammt –, der mir immer im Gedächtnis geblieben ist: „Heute habe ich so viel zu tun, dass ich die ersten drei Stunden im Gebet verbringen muss, denn sonst wird der Teufel den Sieg davontragen."

Drei Stunden? Im Gebet? Morgens, wenn mein Gehirn noch so vernebelt ist wie London im November?

Vor langer Zeit schon bin ich zu der Erkenntnis gekommen, dass der Teufel leichtes Spiel mit mir hätte, wenn das die einzige Möglichkeit sein sollte, ihn von seinem Sieg abzuhalten.

Ich habe großartige Bücher über David Brainerd, John Wesley, John Hyde und andere gelesen, die oft stundenlang ohne Pause beteten. Ein Eintrag in Brainerds berühmtem Tagebuch erzählt, wie er im Schnee lag und mit solcher Hingabe betete, dass der Schnee um ihn herum schmolz und er sich schließlich schwitzend erhob.

Statt mich zu inspirieren, verschlimmerten diese Geschichten mein Gefühl noch, in dieser Hinsicht ein Totalversager zu sein. Ich hegte nicht die leiseste Hoffnung, mich mit solchen Vorbildern messen zu können.

Vor einigen Jahren las ich dann, dass der durchschnittliche Pastor etwa sieben Minuten pro Tag im Gebet verbringt. Ich war entsetzt – ungefähr eine Sekunde lang. Und dann fiel es mir wie Schuppen von den Augen: Ich selbst war doch kein Stück besser!

Als sich im Lauf der Jahre die Schuldgefühle auftürmten, dachte ich oft darüber nach, was mit mir nicht stimmte. Wenn ich auf Bibelstellen stoße, die davon berichten, dass Jesus frühmorgens aufstand, um zu beten, fühle ich mich schuldig. Dann stolpere ich über Texte, in denen erzählt wird, dass er die ganze Nacht betete, bevor er in seinem öffentlichen Wirken eine neue Richtung einschlug. Wenn ich mich mit ihm vergleiche, bekomme ich wegen meiner unterentwickelten Frömmigkeit ein schlechtes Gewissen.

Haben Sie jemals dasselbe Gefühl gehabt?

Wenn ja, ist dieses Buch genau das Richtige für Sie. Ich habe nämlich einen Weg gefunden, wie ich in kleinen Schritten ein großartiges Gebetsleben aufbauen kann. Sie werden merken, dass solche Gebete unglaublich viel bewirken und Ihnen in geistlicher Hinsicht tiefe Erfüllung schenken können.

Ich möchte Ihnen etwas erzählen, was mir neulich zugestoßen ist. Mein 7-jähriger Sohn fing im letzten Jahr an, sich für Sammelkarten und die dazugehörigen Spiele zu interessieren. Ich machte mir deswegen keine Gedanken und hatte weder von anderen Eltern etwas Negatives über diese Dinge gehört noch irgendetwas Schlechtes darüber gelesen. Doch mein Sohn wurde in der Folge jede Nacht von Albträumen heimgesucht, in denen Monster über ihn herfielen. Ich fing an, in meiner Ratlosigkeit kurze, verzweifelte Gebete zu formulieren: „Herr, hilf Gardner bitte, darüber hinwegzukommen, und bitte hilf mir und Jeanette [meiner Frau] zu erkennen, wie wir damit umgehen sollen." Ich hatte keine Ahnung, was das eigentliche Problem war.

So ging es etwa einen Monat weiter.

Eines Nachts stolperte Gardner dann in unser Schlafzimmer, völlig verweint und verschreckt. Zitternd kroch er zwischen mich und Jeanette ins Bett und schluchzte sich die Seele aus dem Leib. Nachdem wir ihn getröstet und sanft nachgefragt hatten, was denn passiert sei, erzählte er uns: „Der Teufel erschreckt mich. Ich sehe Dämonen im Dunkeln. Ich hab wirklich Angst, Papa. Er wird mich kriegen."

Wir stellten ihm noch weitere Fragen und versuchten, der Sache auf den Grund zu kommen. Hatte er im Fernsehen einen Film gesehen, der ihm Angst machte? Welche Bücher las er gerade? Wir mussten herausfinden, was ihm solche Furcht einjagte, und dann Schritte ergreifen, um die Situation zu entschärfen.

„Es sind diese Karten und das Spiel", räumte er mit einem Mal ein, nachdem eine ganze Reihe unserer Fragen auf ihn niedergeprasselt waren. „Da sind Zaubersprüche dabei. Und wegen dieser Zaubersprüche sehe ich Monster."

Glauben Sie mir, das Wort *Zaubersprüche* jagte mir auch Angst ein. Ich hatte immer gedacht, dass die Karten und Spiele, die wir für die Kinder kauften, völlig harmlos seien, doch nun sah es plötzlich danach aus, als hätte sich mein Sohn unwissentlich in okkulte Praktiken verstrickt.

Wir redeten behutsam mit ihm, und plötzlich meinte er: „Ich möchte Jesus in mein Herz einladen." So etwas hatte er noch nie gesagt, obwohl wir schon über den Glauben an Jesus Christus geredet hatten. Ich betete zusammen mit ihm, und als wir fertig waren, sagte er: „Jetzt habe ich keine Angst mehr."

Im Lauf der nächsten Woche sprach Gardner öfter davon, dass Jesus nun in sein Leben gekommen war. Ich war erstaunt und dankbar und überglücklich. Wir warfen alle Spiele und Karten, die mit dieser Serie zu tun hatten, in den Müll. Seitdem hat er nie mehr Monster im Dunkeln gesehen, und es geht ihm rundum besser.

Wenn ich über das Gebet nachdenke, das wir in dieser Situation gesprochen haben, fällt mir auf, dass wir uns nicht bäuchlings auf den Boden geworfen haben, um etwas von Gott zu erbitten. Kein Fasten, keine stundenlangen Bittgebete, in denen wir unser Anliegen vor Gott brachten. Unser Gebet dauerte nicht einmal eine Minute.

Ich hatte geglaubt, Gardner hätte ein Problem, wie es für Siebenjährige typisch ist, die ja immer mal Monster im Schrank oder unter dem Bett vermuten. Gott aber kannte den eigentlichen Kern des Problems, und obwohl mein Gebet nur kurz war, erhörte er es auf Aufsehen erregende Weise. Und er erhörte es schnell. Ich erlebe es nicht oft, dass Gebete fast sofort nach dem „Amen" von Gott so offensichtlich erhört werden.

Aber ich glaube, dass diese von Herzen kommenden Aufschreie, mitten in der Nacht gestammelt, die geschluchzten Gebete am Krankenbett, die nur aus einem Satz bestehen, und die verzweifelten Hilferufe in einer Notlage von Gott oft am schnellsten beantwortet werden. Vielleicht sind solche Schreie in Gottes Ohren beredter als langatmige Gebete, die jedes erdenkliche Thema abhandeln, aber kaum Bedeutung haben.

Ich glaube, dass es für die meisten Menschen genauso wichtig, hilfreich und geistlich entscheidend ist, beim Autofahren oder Sport kurze Gebete gen Himmel zu schicken, wie jeden Morgen Stunden auf den Knien zu verbringen – und überdies ist es auch viel praktikabler.

Bitte verstehen Sie mich nicht falsch: Ich will niemanden dafür kritisieren, dass er lange Gebetszeiten hat. Im Gegenteil! Ich bewundere solche Leute. Doch für die meisten von uns sind solche langen Gebete nahezu ein Ding der Unmöglichkeit. Nicht nur, dass uns dafür kaum genügend Zeit zur Verfügung steht, sondern uns würden auch schnell die Themen ausgehen, von abwandernden Gedanken ganz zu schweigen.

Mich haben meine Zehn-Sekunden-Gebete befähigt, für ganz bestimmte, wichtige Anliegen zu beten, ohne am Straßenrand anzuhalten und mich unter dem Armaturenbrett hinzuknien, ja sogar ohne den Kopf zu neigen. Ich kann innerhalb weniger Sekunden ein Stoßgebet zu Gott schicken. Meiner Erfahrung nach hört er solche Gebete nicht nur, sondern erhört sie auch überraschend oft, und zwar postwendend.

Ich möchte Ihnen aber auch anhand meiner eigenen Erfahrungen zeigen, dass Sie auch über längere Zeit und sogar in der Gruppe beten können, ohne dass Sie abschweifen, Ihnen langweilig wird oder Ihnen die Themen ausgehen. Aber wir wollen nicht vorgreifen.

Wenn Sie Schwierigkeiten mit anhaltendem Gebet haben, möchte ich Ihnen einige Grundlagen des Betens vorstellen, die einfach und effektiv, auf der anderen Seite jedoch auch biblisch und in geistlicher Hinsicht hochwirksam sind.

1. Prinzip:
Das Zehn-Sekunden-Gebet

Tom hatte sich noch nie für einen „vollmächtigen Beter“ gehalten. Er hatte eine gute Stellung im mittleren Management einer Telekommunikationsfirma am Ort. Über seine Familie konnte er sich freuen: Seine Frau liebte ihn, seine Kinder waren ausgeglichen und gut geraten. Jedes Jahr fuhren sie gemeinsam in Urlaub. In seiner Gemeinde arbeitete er aktiv mit und leitete eine Bibelstudiengruppe. Er beschäftigte sich intensiv mit der Bibel, obwohl er manchmal das Gefühl hatte, er verließe sich zu sehr auf die Auslegungshilfen, die ihm seine Gemeinde an die Hand gab.

In allen diesen Bereichen war er sehr beständig.

Schon bald, nachdem Tom Christ geworden war, hatte er sich ein einzigartiges Gebetskonzept zu eigen gemacht. Es gefiel ihm, weil es ihm die Möglichkeit gab zu beten, ohne sich in Details zu verlieren oder gedanklich abzuschweifen, wenn er versuchte, längere Zeit am Stück zu beten. Er hatte die Bezeichnungen „Beten ohne Unterlass“ und „Zehn-Sekunden-Gebet“ dafür gehört. Durch diese Art zu beten war es ihm überhaupt erst möglich geworden, im Lauf eines Tages viel zu beten.

Der Gedanke, nur zehn Sekunden lang zu beten, sprach ihn an. Das konnte er bewältigen, denn so wurde alles in mundgerechte Bissen zerlegt, die ihm halfen, immer mit Gott im Gespräch zu bleiben. Nur mit diesen Zehn-Sekunden-Gebeten konnte er das überhaupt schaffen. Schließlich hatte er sich seine Knie beim Football ruiniert, und es bereitete ihm entsetzliche Schmerzen, sich hinzuknien. Er glaubte nicht, dass Gott auf dieser speziellen Gebetshaltung bestand, weil die Bibel höchst selten ausdrücklich davon sprach, dass jemand auf den Knien betete.

Außerdem war es für Tom auch nicht hilfreich, morgens früher aufzustehen. Wenn er nicht seine 8 Stunden Schlaf bekam, fühlte er sich den ganzen Tag kaputt. Natürlich fand er, dass Zeit mit Gott wichtig war, aber er hatte verschiedene Möglichkeiten gefunden, sie zu halten, ohne früher aufzustehen. Er entschloss sich einfach, sich nicht davon beeinflussen zu lassen, dass andere Leute die frühen Morgenstunden vorzogen. Gott hat jeden Menschen einzigartig geschaffen, und wenn er manches anders machte als andere Leute, spielte das doch keine Rolle, solange es ihn Gott näher brachte.

Ich möchte Sie durch Toms Tag begleiten, um Ihnen zu zeigen, wie das Prinzip des Zehn-Sekunden-Gebets funktioniert.

Als ihn der Wecker um 7:00 Uhr morgens aus dem Schlaf riss, streckte Tom sich, setzte sich auf und rieb sich die Schläfen. „Danke, Herr, dass ich heute Nacht gut geschlafen habe", murmelte er und machte sich auf den Weg ins Bad.

Zehn-Sekunden-Gebet Nummer 1.
Als er vor dem Badezimmerspiegel stand, drehte er den Hahn auf und spritzte sich etwas Wasser ins Gesicht. Es war eiskalt. Er prustete und sagte: „Ah, das fühlt sich gut an, Herr. Danke für das kalte Wasser, das mich so erfrischt und mir immer zur Verfügung steht."

Zehn-Sekunden-Gebet Nummer 2.
Dann drehte er die Dusche auf, während er einen Blick in den Spiegel warf. Er würde nicht unbedingt die Wahl zum Mister Universum gewinnen, doch er lächelte, zog den Bauch ein und sagte: „Der Körper, den du mir gegeben hast, ist vielleicht nicht perfekt, aber er leistet mir wirklich gute Dienste. Danke! Hilf mir, dass ich mit dem Sport bei der Stange bleibe und ihn gut in Form halte, okay? Manchmal fällt es mir nicht leicht, mich dazu zu zwingen."

Zehn-Sekunden-Gebet Nummer 3.
Er trat in die Duschkabine und genoss den Strahl heißen Wassers, die Wärme, die tief in seine Muskeln ausstrahlte, die Schmerzen vertrieb und den Morgennebel aus seinem Hirn vertrieb. „Das fühlt sich toll an, Herr. Danke für das heiße Wasser und dafür, dass der Durchlauferhitzer funktioniert. Bitte gib, dass er noch dieses Jahr durchhält: Ich habe einfach nicht das Geld, ihn zu ersetzen oder reparieren zu lassen ... außer du lässt mir einen Geldsegen zukommen."

Zehn-Sekunden-Gebet Nummer 4.
Während Tom duschte, sprach er noch mit Gott über einige andere Anliegen, die ihm in den Sinn kamen – Gebet 5, 6 und 7.

Tom öffnete die Badezimmertür, um die feuchte Luft abziehen zu lassen, und sah seine Frau Carla, die auf dem Weg in die Küche war, um Kaffee zu machen. Er lächelte ihr liebevoll nach und betete still: „Ich danke dir, Herr, für diese Frau, die schon frühmorgens so wunderschön aussieht. Bitte schenk uns noch viele gemeinsame Jahre."

Zehn-Sekunden-Gebet Nummer 8.
„Worüber freust du dich denn so?", fragte Carla.

„Ich habe Gott gerade gesagt, wie dankbar ich dafür bin, so eine schöne Frau zu haben."

„Amen", entgegnete sie grinsend und ging, wie Tom meinte, mit beschwingterem Schritt weiter.

Tom wandte sich wieder dem Waschbecken zu, um sich die Zähne zu putzen. Als er die gestreifte Zahnpasta auf die Bürste quetschte, dachte er daran, wie sich sein Schwiegervater neulich über seine dritten Zähne beklagt hatte, die ihm zu schaffen machten. Beim Zähneputzen betete Tom in Gedanken: „Bitte hilf meinem Schwiegervater, dass er nicht mehr so viele Probleme mit seinem Gebiss hat, Herr. Was immer dazu auch nötig ist. Und wenn er eine neue Prothese braucht, dann hilf ihm, das Geld aufzutreiben. Wenn ich ihm dabei helfen kann, lass es mich wissen."

Zehn-Sekunden-Gebet Nummer 9.
Schließlich wandten sich seine Gedanken der Arbeit zu. Dort lief im Moment irgendwie alles verkehrt. Er mochte seinen Arbeitsplatz nicht besonders, die Firma ebenso wenig, und ihm gefiel auch nicht, wie sich alles entwickelte. Zu Anfang hatte man ihn mit großen Versprechungen gelockt, doch nichts davon war eingehalten worden. Er starrte in seine müden Augen im Spiegel und murmelte: „Gott, bitte leite und führe mich. Ich weiß nicht, was ich wegen meiner Stelle unternehmen soll. Ich bin unglücklich und muss mich beruflich verändern, aber ich habe auch Angst davor. Sag du mir, was ich tun soll. Ich muss schließlich die Rechnungen bezahlen."

Mehr sagte er nicht. Gott wusste ja alles, was ihm auf dem Herzen lag, und deshalb waren keine langatmigen Erklärungen nötig. Er schloss eine Weile die Augen und war ganz still, um zu hören, ob Gott ihm vielleicht etwas mitteilen wollte. Dann fiel ihm noch etwas anderes ein, und er fügte hinzu: „Aber Herr, solange ich noch dort bin, hilf mir bitte, meine Arbeit gut zu erledigen und ein gutes Zeugnis für dich zu sein."

* * *

Haben Sie auch das Gefühl, dass Tom viel Gewinn aus seinem Gebetsleben zog? Da war nichts Langweiliges daran, er wiederholte nicht immer wieder dasselbe Zeug: Ständig betrat er Neuland. Alles, was seinen Weg kreuzte, verwandelte sich in einen Anlass, um mit Gott zu reden. Das ist der Kern des „Betens ohne Unterlass". In 1. Thessalonicher 5,17 ruft Paulus uns zu genau so einem Gebetsleben auf, wenn er sagt: „Betet unablässig!"

Vor einiger Zeit erzählte mir jemand, dass das Wort „unablässig" in diesem Vers in anderem Zusammenhang für eine immer wiederkehrende Krankheit gebraucht wurde; etwa wie Malaria. Vielleicht litt Paulus selbst unter einer solchen Erkrankung, obwohl wir das nicht mit Sicherheit wissen. Die Folgerung jedenfalls liegt auf der Hand: Kommen Sie immer wieder auf Ihre vorherigen Gebete zurück. Lassen Sie nicht locker. Beten Sie immer wieder, denken Sie darüber nach und formulieren Sie Ihr Gebet vielleicht um. Aber geben Sie niemals auf, bis Gott deutlich „Ja" oder „Nein" sagt oder Sie das Empfinden haben, dass der Heilige Geist Sie in eine andere Richtung führt.

Ein Bekannter hat mir erzählt, dass ihn dieses „unablässig" an einen hartnäckigen Husten erinnere. Haben Sie schon einmal unter so etwas gelitten? Sie husten. Kleine Pause. Dann husten Sie wieder. Und noch einmal. Und noch einmal.

Nein. Ich möchte Sie gar nicht mit solch einem Husten anstecken. Ich möchte Ihnen lediglich eine Ahnung von etwas vermitteln, das immer weitergeht – sich hartnäckig hält, ganz egal, was passiert. Unablässig zu beten bedeutet, dass wir den Kontakt zu Gott niemals abbrechen. Wir kommen immer wieder auf Gedanken, Bedürfnisse, Sorgen und Situationen in unserem Leben und darüber hinaus zurück. Alle paar Minuten denken wir dabei vielleicht an ein Gebetsanliegen und schicken Gott ein kurzes „himmlisches Telegramm".

Toms Gebetsleben blühte, und er hatte eine enge, dynamische Beziehung zu Gott, obwohl er den Tag nicht mit 30 oder mehr Minuten im „stillen Kämmerlein" begann. Er redete ganz natürlich und ständig mit Gott, ohne dafür speziell Zeit zu reservieren, und nahm alles, was um ihn herum geschah, zum Anlass, um mit Gott darüber zu sprechen.

Die meisten seiner Gebete dauerten nicht einmal 10 Sekunden. Trotzdem summierten sich allein die 9 Gebete, die er zwischen Aufstehen und Duschen sprach, auf ... aber das ist ja eigentlich egal, oder? Es macht keinen Sinn, hier Zahlen zu addieren. Es machte einfach Freude! Es erfüllte ihn. Er war fast ununterbrochen mit Gott „verbunden". Das war ganz natürlich und organisch – wie Atmen. Und einfach. Es nahm nicht viel Zeit in Anspruch. Diese Gebete gehörten so selbstverständlich dazu, wie er über den vor ihm liegenden Tag nachdachte, sich Ziele vornahm und seinen Tagesablauf plante.

Am wichtigsten jedoch war, dass Toms Gebete eine Vielzahl von Themen abdeckten. Das war nicht immer dieselbe alte Leier. Nicht die typischen Gebete, die wir nur allzu gern immer wiederholen. Er befasste sich mit vielen verschiedenen Dingen, und er betete in verschiedenen Körperhaltungen – im Bett, unter der Dusche, über dem Waschbecken, beim Anziehen. Er betete unaufhörlich. Und je mehr er das tat, desto stärker veränderte sich auch seine ganze Perspektive. Mehr und mehr begann er, die Dinge mit Gottes Augen zu sehen, anders zu bewerten und vieles wahrzunehmen, was ihm sonst entgangen wäre.

Wie kann man seinen Tag so gestalten und einen Lebensstil des Gebets pflegen, der alles durchdringt, was man tut?

Solch ein Lebensstil ist in einer Mentalität verwurzelt, die sich mit den folgenden Sätzen umreißen lässt: „Gebet ist unendlich wichtig. Für andere zu beten – sogar Menschen und Dinge, die ich nicht persönlich kenne – verändert mich und die Welt. Darum will ich jeden Tag so viel mit Gott sprechen, wie ich nur kann."

Dieses unablässige Beten ergibt sich ganz natürlich mit unserem Tagesablauf. Wir brauchen keinen besonderen Ort dafür, müssen uns nicht erst stundenlang darauf einstimmen, bestimmte Formeln sprechen oder kunstvoll formulieren. Nein, wir können ganz natürlich und unangestrengt beten, so wie wir auch atmen. In dem Augenblick, wo wir uns einer Sache bewusst werden – zum Beispiel wenn wir uns von Gott beschenkt fühlen, eine Notlage sehen oder eine Chance wahrnehmen –, sprechen wir mit Gott darüber: in Gedanken, laut ausgesprochen, wie immer es gerade passt. Und Gott wird uns hören. Er hat uns versprochen: „Wenn ihr Gott um irgendetwas bittet, müsst ihr nur darauf vertrauen, dass er eure Bitte schon erfüllt hat, dann wird sie auch erfüllt" (Markus 11,24).

Gott fordert uns eindeutig dazu auf, immer zu beten, wenn es uns in den Sinn kommt. Er hat uns auch versprochen zu antworten, und zwar sogar auf diese Zehn-Sekunden-Gebete, die wir so schnell vergessen. Gott vergisst niemals.

Vor vielen Jahren leitete ich eine Bibelstunde in unserer Gemeinde. Eines Abends kamen Tony und Carole zu mir, ein Ehepaar, und aus ihnen sprudelten viele Fragen förmlich heraus: Gibt es Gott wirklich und wie greift er in unser Leben ein? Ich antwortete ihnen, und während ich das tat, betete ich: *Herr, bitte schenk mir die richtigen Worte, die diesen beiden Menschen wirklich weiterhelfen.*

Dabei beließ ich es auch. An einem Sonntag einige Wochen später luden mich Tony und Carole zum Mittagessen ein, und wir unterhielten uns auch über schwierige und tief gehende Fragen. Erst viel später dachte ich wieder an mein Gebet zurück, als mir nämlich Carole sagte: „Mir gefällt die Art, wie du diese Bibelstunde leitest, sehr gut. Du bist der realistischste und ehrlichste Christ, dem ich jemals begegnet bin."

Das war der Beginn einer Freundschaft, die bis heute andauert. Ich glaube, dass dies meinem kurzen Gebet zu verdanken ist, das ich bald wieder vergessen hatte. Glücklicherweise hat Gott nicht so ein schlechtes Gedächtnis. Im Lauf der nächsten beiden Jahre führte mich Gott in eine tiefe und intensive Freundschaft mit diesem Paar, und sie halfen mir, eine schwierige Lebensphase zu bewältigen, die sie in ähnlicher Form ebenfalls durchgemacht hatten.

Nun noch ein weiteres Beispiel für das Zehn-Sekunden-Gebetsprinzip in Aktion: Wir haben einen Hamster. Meine Frau und ich schaffen es nicht, unserer dreijährigen Tochter Elizabeth begreiflich zu machen, dass es gefährlich ist, Fluffy, die Hamsterdame, aus dem Käfig zu lassen. Warum? Weil wir zwei Katzen und zwei Hunde haben, die immer hungrig sind.

Eines Tages entkam Fluffy aus dem Käfig, weil niemand bemerkt hatte, dass Elizabeth die Tür offen gelassen hatte. Fluffy verschwand spurlos. Als wir ihre Abwesenheit bemerkten, betete ich: „Herr, bitte lass Fluffy unter den Möbeln hervorkriechen, damit wir sie fangen können – und zwar noch vor den Hunden und Katzen."

Jeden Tag, wenn ich morgens aufstand, bevor wir das Haus verließen, wenn wir zurückkamen oder vor dem Zubettgehen das Licht ausmachten, hielt ich nach Fluffy Ausschau. Allmählich musste sie doch hungrig werden, und deshalb wiederholte ich mein Gebet: „Herr, bitte lass sie einfach wieder auftauchen."

Eines Abends kamen wir nach Hause, und Fluffy saß mitten im Wohnzimmer. Sie war von oben bis unten mit Spucke bedeckt. Einer der Hunde kauerte über ihr und hatte sie eindeutig im Maul gehabt, dann aber offenbar beschlossen, dass sie nicht so schmackhaft war, wie sie aussah.

Ich ergriff sie und setzte sie in den Käfig zurück. Damit war die Sache ausgestanden. Gleichzeitig aber schickte ich in Gedanken Gott eine Botschaft: „Danke, Gott. Du hast die Situation gerettet."

Das ist nur eines von vielen Gebeten, deren Erhörung wir bei uns zu Hause erleben. Wäre es nicht aufregend, regelmäßig solche kleinen und großen, dramatischen und augenzwinkernden Gebetserhörungen zu erleben? Fast jeden Tag? In allen Bereichen unseres Lebens?

Und wäre es nicht erstaunlich, wenn wir im Himmel einmal erfahren, dass alle Gebete, die wir nebenbei an Gott gerichtet haben, gehört worden sind? Gott wird auf jedes einzelne reagiert haben, sogar auf die, die Sie schon längst wieder vergessen hatten.

Wenn Sie diesen Gedanken spannend finden, lesen Sie weiter. Es gibt noch so viel zu entdecken!

2. *Prinzip:*

Kreativ beten

Tom ging nach unten, um zu frühstücken. Im Berufsleben stand er an einem Scheideweg, das war ganz klar. Als er die Küche betrat, betete er für diese Situation und setzte sich dann an den Frühstückstisch. Er schüttete sich Frühstücksflocken in die Schale und flüsterte: „Danke, Herr, dass es jetzt diese Dinger gibt, die mir so gut schmecken und die trotzdem einigermaßen gesund sind. Ich habe sogar gehört, dass sie den Cholesterinspiegel senken."

„Was hast du gesagt, Liebling?", fragte Carla, als sie in der Küchentür stand und ihren drei Kindern zurief, sie sollten sich beeilen.

„Ich habe nur für das Frühstück gedankt." Und in Gedanken fügte er hinzu: „Bitte schenk Carla auch einen guten Start in den Tag."

Die Kinder kamen in die Küche. Jenny, braunes Haar und dunkle Augen, war elf. Sie wollte unbedingt in der Basketballmannschaft ihrer Klassenstufe mitspielen. Brad, neun, war blond wie seine Mutter, und verrückt nach Fußball. Abigail war fünf und eine charmante kleine Prinzessin. Während die Kinder mit Carla redeten, betete Tom still für sie und bat Gott, sie spürbar durch den Tag zu begleiten, ihnen in der Schule zur Seite zu stehen und ihnen Dinge zu zeigen, die ihm wichtig waren.

„Vater, hilf Brad dabei, in der Mathestunde gut aufzupassen und alles zu verstehen. Schenk Jenny Mut. Selbst wenn sie nicht in die Basketballmannschaft aufgenommen wird, zeig ihr, dass das nicht das Ende der Welt ist und dass sie auch in anderen Bereichen Spaß haben kann. Bitte lass Abby heute deine Anwesenheit und Liebe besonders spüren."

Beim Essen ließ Tom seinen Blick über die Küche schweifen und dachte daran, wie sehr sich Carla eine Finanzspritze wünschte, um sie renovieren und neue Schränke und Elektrogeräte einbauen zu lassen. „Herr", betete er still, „gib, dass das eines Tages geschieht."

Jenny musste wohl gesehen haben, wie sich Toms Lippen bewegten, und fragte: „Papa, betest du wieder?"

„Ja."

Er sah die Post durch, die vor ihm auf dem Tisch lag, und griff nach dem Brief einer Investmentfirma, bei der Carla und er Geld für die Ausbildung ihrer Kinder einzahlten. Als er ihn öffnete, betete er: „Vater, hilf uns, weiterhin Geld zu sparen, und gib, dass die Firma das Geld gewinnbringend anlegt. Und ganz ehrlich, wenn von irgendwoher ein Geldregen kommen sollte, würde ich mich sehr darüber freuen."

Bei den letzten Bissen ließ Tom die Zeitung sinken und drehte das Buch, in dem Jenny gerade las, zu sich, damit er den Titel sehen konnte. „Gutes Buch?", fragte er.

„Nein, das ist nur etwas für die Schule."

„Kannst du etwas daraus lernen?"

„Es geht um Kolumbus, Papa."

„Na ja, der war doch wichtig."

„Für mich nicht."

Tom lachte und machte sich auf den Weg. Zwischen Küche und Haustür betete er: „Vater, schenk meiner Tochter eine große Neugier aufs Leben und Lust zum Lernen. Und hilf uns allen, dass wir den Humor nie verlieren."

Carla stand mit Küchentüchern und einer Sprayflasche in der Hand an der Tür. „Mach's gut, Liebling", sagte sie und gab ihm einen Abschiedskuss.

„Ist was passiert?", fragte er und deutete auf die Putzutensilien.

„Der Hund hat im Wohnzimmer ein Häufchen hinterlassen, das muss ich jetzt wegmachen."

„Oh, tut mir leid."

„Sie wird eben alt."

Sie hatten Jody schon, seit sie ein Welpe war, doch das war nun schon viele Jahre her. Es würde ihnen schwerfallen, sich einmal von der lieben, sanften Hündin zu verabschieden, doch Tom wusste, dass dieser Tag bald kommen würde. Als er daran dachte, ging ihm noch ein anderer Gedanke durch den Kopf: „Herr, bitte schenk Jody einen gnädigen Tod und hilf den Kindern, diese Zeit zu überstehen. Ihren geliebten Hund zu verlieren wird sie schwer treffen."

Dann dachte er noch einmal nach und fügte hinzu: „Aber bitte schenk uns noch so viel Zeit mit ihr wie möglich."

Als er sein Auto erreichte, schickte Tom noch ein Gebet gen Himmel. „Bewahre uns heute alle, Herr. Lass uns deine Gegenwart spüren. Und hilf mir bitte heute auf der Arbeit. Es ist schwierig und langweilig, aber hilf mir bitte, mein Bestes zu geben – und zu entscheiden, wie es weitergehen soll."

* * *

Wenn wir lernen, direkt mit Gott über all die Dinge zu reden, die uns im Lauf des Tages begegnen, werden wir immer kreativer, und unsere Gebete werden immer persönlicher und unmittelbarer.

Haben Sie sich jemals gefragt, was Gott von uns denkt, wenn wir uns immer wieder mit den gleichen abgedroschenen Worten an ihn wenden, die uns leichter von den Lippen kommen, als wenn wir wirklich darüber nachdenken, was wir sagen?

Eines Abends, als meine Tochter Alisha etwa 13 war, meinte sie zu mir, als ich mit ihr betete (das tue ich jeden Abend mit meinen Kindern): „Papa, du betest immer dasselbe."

Ich schüttelte den Kopf: „Ich bitte Gott immer, dass du gut schläfst und morgen einen schönen Tag erlebst, aber ich bete auch für besondere Anliegen, die du im Lauf des Tags erwähnt hast und die ich mir gemerkt habe. Wenn du zuhörst, merkst du, dass ich das immer tue."

„Gut", meinte sie, und in meinem Gebet erwähnte ich auch genau das Thema, über das wir gerade gesprochen hatten. Als ich fertig war, wartete ich auf ihre Reaktion, und sie sagte: „Ja, ich glaube, du machst das wirklich so, wie du gesagt hast. Ab heute muss ich wohl aufmerksamer zuhören."

„Eigentlich möchte ich gern von dir wissen, ob Gott diese Gebete erhört."

„Na ja", meinte sie nachdenklich. „Meistens schlafe ich nachts gut. Und meistens bringt mir auch die Schule Spaß. Und ich lerne da auch was. Und wegen meiner Freundin Meghan, da warte ich noch darauf, dass Gott das Gebet erhört."

Im Lauf der Jahre hat Alisha mir in diesen Zeiten hin und wieder Dinge von entscheidender Bedeutung erzählt, wie zum Beispiel, als sie mir mitteilte, das Beste am Christsein sei das Wissen, „dass Gott die ganze Zeit bei dir ist. Ich kann es richtig spüren."

Wenn wir lernen, ständig mit Gott in Kontakt zu sein, kann uns das helfen, die alten, eingefahrenen Gleise zu verlassen. Zum Beispiel betete ich vor den Mahlzeiten immer: „Ich danke dir, Herr, für den heutigen Tag und für dieses gute Essen. Amen."

Doch David, ein Freund von mir, der Pastor ist und außerdem der erstaunlichste „Zehn-Sekunden-Beter", dem ich je begegnet bin, hat mich dazu bewegt, diese Gewohnheit zu ändern. Seine kurzen Gebete packen mich und ich spüre, dass wirklich Kraft dahintersteckt. Oft habe ich ihn Tischgebete sprechen hören, und in diesen Sekunden fühlte ich mich dem Himmel ganz nah, so beredt und schön waren seine Worte. Ich frage mich, was Gott von meinen „Leiergebeten" vor den Mahlzeiten hält, die ich jedes Mal wiederhole, ohne auch nur das kleinste Fitzelchen daran zu verändern. Seit ich David gehört habe, arbeite ich daran, nachdenklicher, kürzer und schlichter zu beten. Es funktioniert.

Ich gebe zu, dass ich mich beim Beten manchmal gelangweilt und trotzdem versucht habe, ein Gebet auf mehrere Minuten zu strecken, um mir dann selbst auf die Schulter klopfen zu können. Aber Gott, davon bin ich überzeugt, möchte, dass wir das Gespräch mit ihm *genießen*, dass es zu einem selbstverständlichen, schönen Teil unseres Lebens wird, zu dem wir automatisch in allen Lebenslagen greifen. Diese Zeiten mit Gott zu genießen ist viel einfacher, wenn wir sie interessant gestalten, unterschiedliche Themen vor Gott bringen und verschiedene Gebetsformen mischen – Lobpreis, Dank und Fürbitte, nicht unbedingt in dieser Reihenfolge, sondern so, wie unsere Gedanken und Gefühle uns leiten.

Und immer wieder brauchen wir auch Zeiten, in denen wir gar nichts sagen oder denken, sondern einfach nur zuhören. Es ist nicht einfach, sich so auf Gott zu konzentrieren, ohne dass man gedanklich abschweift. Doch nur in diesen Momenten können wir seine Stimme hören. Auch diese Fähigkeit hat man nicht einfach so, aber unsere Konzentrationsspanne lässt sich mit Übung verbessern. Lieber nehme ich mir mehrmals täglich ein paar Sekunden Zeit, in denen ich ganz offen für Gottes Reden bin, als dass ich mich gleich an 10 Minuten versuche und nur frustriert bin. Mit der Zeit und mit zunehmender Übung kann ich dann das Stillsein vor Gott länger und intensiver erleben.

Als ich dieses Kapitel schrieb, dachte ich an die Kreativität, die in meinem eigenen Gebetsleben zutage tritt, und entschloss mich, einiges davon direkt beim Schreiben in die Tat umzusetzen. Ich wollte zu Beginn jedes neuen Absatzes beten. Das brachte mir Spaß, nicht nur, weil ich auf diese Weise öfter zu einer kurzen Pause kam, sondern auch, weil ich bei der Arbeit mit Gott reden konnte. Zum Beispiel betete ich nach dem ersten Absatz darum, dass Gott dieses Buch benutzen würde, um die Menschen zu segnen, die es einmal lesen würden. Nach dem zweiten Absatz brachte mich ein Lied von Amy Grant, *Thy Word*, das ich gerade auf meinem Computer abspielte, auf das richtige Stichwort, und ich bat Gott, dass er mir helfen würde, noch lieber in seinem Wort zu lesen, es richtig zu lieben und mich darin zu vertiefen.

Zu Beginn des drittes Absatzes betete ich für meinen Sohn und meine Tochter, die nach draußen gegangen waren, um auf unserem Trampolin zu springen, und dann im Garten herumliefen und sich gegenseitig mit dem Schlauch nass spritzten: „Bitte hilf, dass sie sich nicht verletzen, Vater. Und mögen sie das Spiel im Garten genießen, aber nicht zu viel Wasser verschwenden."

Bei dieser Art von Gebet können Sie jeder Eingebung folgen. Hier einige Anregungen: Beten Sie ...

- immer, wenn das Telefon klingelt.
- jedes Mal, wenn Sie den Hund bellen hören.
- jedes Mal, wenn Sie merken, dass Sie sich Sorgen ums Geld machen.
- bei jedem Bissen Ihres Mittagessens.
- jedes Mal, wenn Sie an Ihrem Computer ein neues Programm aufrufen.
- bei jedem Schluck Kaffee.
- wenn Sie hören, dass in der Nachbarschaft oder auf dem Büroflur jemand laut wird. (Vielleicht können Sie dann sogar für den Betreffenden beten.)
- jedes Mal, wenn Sie einen Krankenwagen oder eine Polizeisirene hören.

Wenn man das umsetzt, kann es zu komischen Situationen führen, aber das macht ja gerade Spaß. Natürlich dürfen Sie dabei nicht gesetzlich werden. Wenn Sie einmal vergessen zu beten, machen Sie sich deswegen keine Gedanken. Machen Sie einfach bei Ihrem nächsten „Kreativitätsschub“ weiter.

Sie werden merken, dass so zu beten nicht nur Spaß macht, sondern Ihnen auch hilft, sich zu konzentrieren. Das Beste daran ist, dass Sie so viel häufiger und oft sogar intensiver mit Gott reden. Wenn ich kreative Methoden wie diese verwende, bete ich meiner Erfahrung nach für das Erste, was mir in den Sinn kommt. Zum Beispiel arbeitete ich neulich an einem Artikel über Evangelisation im Alltag, und während ich schrieb, betete ich bei jedem neuen Absatz.

Zunächst einmal bat ich Gott darum, dass dieser Artikel

Leser bewegen und sie segnen möge. Beim nächsten Absatz fiel mein Blick auf mein Scheckbuch. „Bitte segne die Mitarbeiter in meiner Bank, Herr, und gib mir die Chance, dort geistliche Saat auszustreuen. Ich habe mich oft mit Eva am Auszahlungsschalter unterhalten, und ich bitte dich, dass du mir die Möglichkeit gibst, mit ihr auch einmal über dich zu reden. Und natürlich schenk mir jede Menge Geld, das ich auf unser Konto einzahlen kann!"

Na gut, den letzten Satz habe ich nicht gesagt, aber die Versuchung war groß.

Der nächste Absatz – ich trank einen Schluck Kaffee und dachte daran, dass wir die Kaffeebohnen in der örtlichen Filiale einer großen Supermarktkette gekauft hatten. „Jesus, bitte mach mir beim nächsten Einkauf dort bewusst, dass alle Mitarbeiter in diesem Laden Menschen sind, die du liebst und erreichen willst. Mach mich aufmerksam, damit ich nicht nur an meine Einkaufsliste denke, sondern sensibel für Gesprächsgelegenheiten bin. Und bitte hilf, dass dieser neue Supermarkt nicht die kleinen Eckläden verdrängt."

Als schließlich meine kleine Tochter hereinkam und mich bat, ihr Popcorn zu machen, betete ich: „Herr, hilf mir, dieses Kapitel gut zu beenden, damit ich mich um meine Tochter kümmern kann. Hast du noch einen Vorschlag, was ich unbedingt hineinschreiben sollte?"

Auf diese Weise kreativ zu beten kann Spaß machen, erfüllend und sogar aufregend sein. Der Heilige Geist wird Ihnen jede Menge Neues beibringen. Warum nehmen Sie sich nicht gleich etwas Zeit und bitten ihn, Sie auf einige gute Ideen zu bringen, damit Ihr Gebetsleben neue Kraft entwickelt und Ihnen (und Gott!) mehr Spaß macht?

3. *Prinzip:*

Mit offenen Augen durch die Welt gehen

Auf dem Weg zur Arbeit sah Tom viele Menschen, die im Auto fuhren, ihren Hund ausführten, joggten oder irgendwohin gingen, unter anderem auch einen kleinen Jungen, der seine Mutter am Arm zog, als sie aus der Haustür traten.

Beim Vorbeifahren betete Tom ganz unterschiedliche Dinge, zum Beispiel: „Schenk bitte dieser Mutter heute besonders viel Geduld mit ihrem Kind, damit sie ihm zeigen kann, wie sehr es geliebt wird."

„Bitte begegne diesem Mann dort heute auf ganz besondere Art und Weise."

„Zeig dieser Frau heute etwas, das sie noch nie erlebt hat, und schenk ihr einen Tag, an den sie noch lange zurückdenkt."

Und: „Wenn ich heute die Möglichkeit habe, jemandem von dir zu erzählen, dann lass mich das bitte merken und schenk mir die richtigen Worte."

Tom erreichte die Schnellstraße, und weil sich viele Autos aus allen Richtungen einfädelten, konnte er die Gebete nicht mehr so persönlich halten. Das Radio stellte er nicht an; er wollte nicht abgelenkt werden. Während er an Geschäften, Kirchen und anderen Gebäuden vorbeifuhr, betete er für ganz unterschiedliche Anliegen:

„Bitte bewirke du, dass in dieser Kirche dort wirkliche Begegnungen mit dir stattfinden können. Segne die, die dort für dich arbeiten."

„Hilf den Angestellten in dieser Reinigung, dass ihre Geschäfte gut gehen und sie heute spüren, dass es mehr im Leben gibt als den Alltagstrott."

„Gib der Frau dort drüben im Rollstuhl die Chance, von dir zu hören, Jesus. Gib ihr neuen Mut und die Kraft, ihren Alltag zu bewältigen."

Und: „Hilf diesen Schulkindern, dass sie zu gesunden, glücklichen Menschen heranwachsen und vor allem eines Tages dich kennenlernen."

Mit einem Mal scherte ein Lastwagen hinter ihm aus und überholte ihn mit Dauerhupen. Tom bemerkte, dass er etwas langsamer gefahren war als sonst, und daher beschleunigte er und sagte: „Schenk diesem Lastwagenfahrer einen schönen Tag und hilf ihm, uns Sonntagsfahrern gegenüber ein wenig geduldiger zu sein."

Natürlich betete Tom nicht in jeder einzelnen Minute auf dem Weg zur Arbeit. Die Fahrt nahm etwa eine halbe Stunde in Anspruch, und er dachte auch über andere Dinge nach. Beispielsweise ging er im Geiste eine Präsentation durch, die er im späteren Verlauf des Tages vorstellen sollte.

Doch eins hatten all diese Gedanken gemeinsam: Auf jeden einzelnen reagierte er mit einem kurzen Fürbittegebet, das ihm wie von selbst in den Sinn kam. Alle paar Minuten, wenn ihm etwas einfiel, sprach er mit Gott darüber. Zum Beispiel dachte er an die Beziehung, die sich zwischen einem seiner Kollegen und dessen Sekretärin entwickelt hatte. Tom befürchtete, dass daraus eine Liebesaffäre entstehen könnte, und als er darüber nachdachte, betete er: „Herr, bewahre sie davor, einen schwerwiegenden Fehler zu machen. Mach sie stark gegen diese Versuchung."

Damit ließ er es bewenden und wandte sich anderen Dingen zu. Er hoffte inständig, dass er eines Tages das Vorrecht hätte zu erleben, wie Gott in seine Welt eingriff und solche Gebete erhörte. Bei vielen seiner kleinen Gespräche mit Gott würde er wohl nie erfahren, was darauf gefolgt war. Aber er war sich sicher, dass Gott all diese Gebete hörte und darauf so reagierte, wie es am besten war. „Herr, zeig mir, worum ich beten soll, sodass ich auf einer Wellenlänge mit dir bin und nicht nur meinen eigenen Gedanken und Wünschen nachhänge."

Der starke Verkehr hatte Tom einige Nerven gekostet, und als er seine Arbeitsstelle erreicht hatte, blieb er daher noch eine Minute im Auto sitzen, um Gott zu danken, dass er ihn auf der Fahrt bewahrt hatte. Dann eilte er zu seinem Arbeitsplatz und bat Gott wie jeden Tag, dass er seine Firma, sein Team und seine Kollegen segnen möge.

Unterwegs begegnete er Ken, einem Freund und Kollegen, mit dem er schon einige Male über Jesus gesprochen hatte. Tom schickte noch ein schnelles Gebet zum Himmel, in dem er Gott bat, Ken zu begegnen.

„Hast du schon gehört, was passiert ist?", fragte Ken.

„Nein, was denn?"

„Der Quartalsbericht ist dieses Mal ziemlich schlecht ausgefallen. Ich habe gehört, dass sie Leute entlassen wollen."

Tom verzog das Gesicht und betete still: „Jesus, wenn das passiert, hilf bitte allen, dass sie wieder auf die Beine kommen."

„Ich darf meine Stelle einfach nicht verlieren!" Ken sah unglücklich, nein, eigentlich sogar richtiggehend verzweifelt aus.

Tom nickte. „Ich werde für dich beten." Er hatte Ken gegenüber oft erwähnt, dass er für Anliegen in der Firma betete, obwohl sein Freund kein Christ war. Und er hatte Gott schon oft um die Möglichkeit gebeten, Ken von seinem Glauben zu erzählen.

Ken blickte ihn ein wenig argwöhnisch an. „Betest du wegen jeder Kleinigkeit, Tom?"

„Das nicht gerade. Aber ich rede schon über so ziemlich alles mit Gott."

„Warum?"

Tom lächelte. „Weil es toll ist. Ich merke dauernd, dass meine Gebete erhört werden."

„Zum Beispiel?"

Tom dachte einen Augenblick nach. „Erinnerst du dich noch daran, wie du mir erzählt hast, dass du dich mit deiner Frau gestritten hast und Angst hattest, sie wäre nicht mehr da, wenn du nach Hause kommst?"

Ken nickte. „Oh ja."

„Aber sie war noch da, oder?"

„Ja."

„Und ihr habt euch wieder versöhnt, oder?"

„Ja."

„Ich habe damals für dich gebetet – und für deine Frau."

Ken zuckte die Achseln. „Aber das wäre doch vermutlich genau so gekommen, auch wenn du nicht gebetet hättest, oder?"

Nun zuckte Tom die Achseln. „Vielleicht schon. Aber das Risiko wollte ich nicht eingehen. Deshalb habe ich Gott gebeten, in dein Leben einzugreifen. Dass es dabei nicht blitzte oder donnerte, bedeutet nicht, dass Gott nicht da war oder sich für dein Problem nicht interessierte. Gott wirkt oft im Stillen, zumindest habe ich es so erlebt."

„Na, dann sollte ich dir wohl dafür danken."

„Ach, lass mal. Darum habe ich übrigens auch gebetet."

„Worum?"

„Dass wir einmal darüber reden würden und ich die Chance hätte, dir zu erklären, dass Gott für dich da ist und man mit ihm reden kann."

„Wirklich?"

„Das Ganze hat sich vor drei Monaten oder so abgespielt, stimmt's?"

„Ja."

„Und Gott hat dieses Gebet heute erhört, gerade jetzt."

„Also ... vielleicht ist da ja wirklich was dran."

„Da ist sogar sehr viel dran, Ken. Glaub mir."

„Wow! Lass uns darüber bei Gelegenheit noch mal weiter reden. Ich muss jetzt los! Bis dann."

Ken ging den Flur hinunter, und Tom betrat sein Büro. „Gott, bitte lass die Freundschaft mit Ken noch enger werden. Beschütze ihn und meine Arbeitsgruppe – was auch passieren mag."

Er setzte sich an seinen Schreibtisch. Dann ließ er seinen Blick über das Büro schweifen, und das erinnerte ihn daran, dass möglicherweise bald ein Teil der Belegschaft entlassen werden würde. „Herr, ich danke dir, dass ich bisher in finanzieller Sicherheit leben durfte. Wenn es zu Entlassungen kommt, dann hilf bitte allen, anderswo eine Stelle zu finden."

Der Tag hatte nicht gut angefangen, doch Tom spürte bereits, dass seine Gebete Wirkung zeigten. Trotz der beunruhigenden Gerüchte, die er gehört hatte, empfand er inneren Frieden.

* * *

Je mehr wir begreifen, dass wir jede Situation mit Gott besprechen können, desto mehr werden wir auch beten. Gott möchte, dass wir uns seiner Gegenwart in unserem Leben so sehr bewusst sind, dass unser Gesprächsfaden mit ihm niemals abreißt. Natürlich gibt es manchmal Flauten und Augenblicke – sogar längere Zeiträume –, in denen wir nichts zu sagen haben, abgelenkt sind oder einfach vergessen, dass Gott da ist. Doch wenn wir uns daran erinnern, dass Jesus immer bei uns ist, uns auf die Nöte der Menschen um uns herum aufmerksam macht und uns zum Gebet für bestimmte Situationen aufruft, beginnen wir die Welt so zu sehen, dass alles ein Anlass zum Beten ist. Wir betrachten alles, was um uns herum geschieht, alle Situationen und Ereignisse, die wir wahrnehmen, immer mehr aus Gottes Perspektive und sind im ständigen Gespräch mit ihm darüber.

Ich glaube, dass der Heilige Geist uns ständig auf Nöte aufmerksam macht, für die wir beten sollen, auf Menschen, mit denen wir ein Gespräch anfangen können, auf Möglichkeiten, von Gott zu erzählen, und auch auf andere Dinge, die wir vielleicht übersehen. Gott lässt uns nicht ohne innere Leitung – seinen Geist – in dieser Welt zurück, sondern führt uns immer tiefer in die Abenteuer hinein, die er für unser Leben geplant hat.

Mehr noch: Die Bibel sagt, dass eines Tages alles offenbar wird, was wir getan und nicht getan haben. Zum Beispiel schreibt Paulus in 2. Korinther 5,10: „Denn wir alle müssen vor Christus erscheinen, wenn er Gericht hält. Dann wird jeder Mensch bekommen, was er verdient, je nachdem, ob er in seinem irdischen Leben Gutes getan hat oder Schlechtes."

Ich glaube, dass hierbei unsere Beziehung zu Gott den wichtigsten Teil ausmachen wird. Und eine Beziehung besteht eben zum großen Teil aus Kommunikation. Je mehr wir zu Gott beten, desto öfter wird sich die Gelegenheit ergeben, dass er in unser Leben eingreift – oder sogar in das Leben anderer Menschen, möglicherweise an Orten auf dieser Welt, die wir niemals persönlich gesehen haben. Wenn wir nur für unsere unmittelbare Familie beten, unsere Gemeinde oder auch Dinge, die uns unmittelbar in den Sinn kommen, verpassen wir möglicherweise viele Chancen, die uns Gott vor die Füße gelegt hat. Je mehr Menschen, Organisationen, Situationen und Ereignisse es gibt, für die wir beten, desto mehr wird Gott in unserer Welt wirken. Umgekehrt gilt: Je weniger wir beten, desto weniger wird er in uns, in unserem Leben und in unseren Städten und Gemeinden wirken.

Dieses Prinzip habe ich bereits am Anfang meines Lebens als Christ kennengelernt. Ich wusste damals nur sehr wenig über die Bibel und noch weniger über Theologie. Aber ich wusste, dass Jesus wirklich existierte und dass er immer bei mir war, wohin ich auch ging. Ich hatte Matthäus 7,7 auswendig gelernt, wo es heißt: „Bittet, und ihr werdet bekommen!", und ich nahm diesen Vers ernst. Ich nahm mir vor, so viel wie möglich zu beten, und zwar für alle möglichen Anliegen. Keine Bitte war für Gott zu klein oder zu groß.

Im ersten Winter nach meiner Bekehrung jobbte ich in einem Wintersportort in Vermont. Wenn ich nicht arbeitete, lief ich Ski. Einer meiner Freunde vom College arbeitete auch dort, und eines Tages machte er einen Laden ausfindig, wo man Skier zum halben Preis kaufen konnte. Ich dachte viel darüber nach. Für mich sah das nach einem Schnäppchen aus. Aber dann fragte ich Gott: „Soll ich das wirklich tun?"

Bald erhielt ich eine Antwort, und sie lautete Nein. Meine Skier würden noch viele Jahre halten, und die leise Stimme des Heiligen Geistes erinnerte mich daran. Ich sagte meinem Freund, dass ich kein Interesse hätte. Er war etwas verstimmt, denn er hätte einen höheren Rabatt auf seinen Einkauf bekommen, wenn ich auch Skier genommen hätte, aber was sollte ich tun? Ich war sicher, dass Gott zu mir gesprochen hatte. Mein Freund fand, dass ich spinne und Gott sich wohl kaum um so etwas kümmert.

Das verunsicherte mich zunächst. Doch wie sich herausstellte, hatte ich nach diesem Winter viele Jahre keine Gelegenheit mehr, Ski zu laufen. Als begeisterter Skifahrer hätte ich vorher nie gedacht, dass es so kommen würde. Gott jedoch wusste es. Diese Skier zu kaufen wäre reine Geldverschwendung gewesen. Vielleicht hatte ihn das doch genug interessiert, um mir abzuraten.

Bald wurde es mir zur Gewohnheit, Gott in alles einzubeziehen. „Herr, was willst du mir hier beibringen?" Oder: „Jesus, deine Welt ist so wunderschön. Danke, dass sie der beste Ort zum Leben im ganzen Universum ist." Oder: „Vater, vergib mir diese Lüge von gestern. Hilf mir, so etwas nicht wieder zu tun." Gott war mir immer nah, ganz egal, in welche Richtung ich mich wandte. Er war für mich wie ein Scheinwerfer, der die Sorgen und Nöte dieser Welt beleuchtete.

Einmal – es ist noch nicht allzu lange her – fühlte ich mich ein wenig deprimiert und betete: „Herr, heute könnte ich es gut gebrauchen, mal so richtig zu lachen. Bitte schenk mir die Gelegenheit dazu."

Abends fuhren wir zu einer Gemeindeveranstaltung. Unsere jüngste Tochter brachten wir zur Kinderbetreuung; dort bemerkte ich, dass jemand die Namensschilder auf dem Fußboden verstreut hatte. Ich wollte mich gerade bücken, um sie aufzusammeln, als Gardner, mein Neunjähriger, sich zu Wort meldete: „Ich mach das, Papa. Ich weiß doch, dass du nicht mehr so weit runterkommst."

Ich lachte leise in mich hinein ... und dann musste ich an mein kleines Gebet denken.

In der Veranstaltung brachte uns der Redner mit einer ganzen Reihe von ungewöhnlich guten Witzen und Anekdoten mehrmals zum Lachen. Hatte Gott mein Gebet erhört, obwohl es um etwas so Banales ging?

Warum sollte sich Gott nicht um so etwas kümmern? Müssen wir vor Gottes Thron immer nur klagen und bitten und unser Herz ausschütten? Natürlich, manchmal ist auch das angebracht. Aber ich glaube, dass vor Gott tiefgründige Themen nicht wichtiger sind als vermeintlich „unbedeutende" und dass kurze Gebete ebenso viel wert sind wie lange. Als Petrus übers Wasser gehen wollte und versank, rief er schließlich auch nur: „Herr, hilf mir!" Und was hätte er auch sonst tun sollen? Er konnte sich ja schlecht in sein stilles Kämmerlein zurückziehen und dort erst lange in die Stille vor Gott finden.

Wenn wir das Konzept des unablässigen Betens wirklich begreifen, haben wir damit ein Werkzeug in der Hand, um jedem Problem, das sich uns in den Weg stellt, zu begegnen, weil Gott immer den Überblick hat und Rat weiß. Es ist völlig in Ordnung, wenn wir auf dem Heimweg einfach nur Musik hören, um uns zu entspannen, aber wenn wir die Zeit nutzen, um für Menschen zu beten, die wir unterwegs sehen, etwa im Auto oder an der Ampel, wird die Fahrt durch den Berufsverkehr zu einem Abenteuer statt nur langweiligem „Zeittotschlagen".

Betrachten Sie jeden Menschen, den Sie sehen, jeden Laden, jede Kirche als Anlass für ein Gebet. Bei dieser Geisteshaltung wird der Himmel in Ihre Welt einziehen, und Sie werden überrascht sein, was für Veränderungen in Ihrem Umfeld geschehen.

4. Prinzip:

Auf den Heiligen Geist hören

Im Büro konzentrierte sich Tom auf die vor ihm liegende Arbeit. Doch manche Situation erforderte auch ein Gespräch mit Gott. Zum Beispiel spielte sein Computer plötzlich verrückt, und er wusste nicht warum. In der Firma gab es niemanden, der sich eigens um die Rechner kümmerte, und wenn Tom weiterarbeiten wollte, musste er das Problem selbst lösen, Kollegen um Hilfe bitten oder, wenn gar nichts mehr ging, einen auswärtigen Techniker anrufen.

Doch eine leise Stimme flüsterte ihm zu: „Bete dafür." Und das tat er dann auch. „Herr, ich weiß, dass ich irgendetwas übersehen habe. Bitte zeig mir, was es ist, damit ich das Problem lösen und mit meiner Arbeit weitermachen kann."

Er schlug das Computerhandbuch auf und blätterte es durch. Er startete den Rechner neu und ging alle vorgeschriebenen Schritte durch, um den Fehler zu finden. Mit einem Mal sah er, wo das Problem lag. Dazu wäre er selbst eigentlich kaum in der Lage gewesen – es war, als hätte Gott mit dem Finger direkt auf die Seite gezeigt und gesagt: „Hier liegt das Problem." Tom dankte Gott, behob das Problem und arbeitete weiter.

Mittags ging Tom mit einigen Kollegen essen. Sie verbrachten eine angenehme Pause. Während des Essens brachte Tom jeden Einzelnen im Stillen namentlich vor Gott. Er bat ihn um

Gelegenheiten, seinen Kollegen von ihm zu erzählen. Tom betete für die Kellnerin, für den Inhaber des Restaurants und für seinen wirtschaftlichen Erfolg. Dabei schoss er kein Sperrfeuer von Fürbittegebeten auf Gott ab, sondern formulierte in ruhigen Momenten seine Gedanken in ein stilles Gebet um, wenn er eine Möglichkeit oder einen Menschen sah, der etwas brauchte. Vor allem versuchte er, nicht nur zu reden, sondern auch bewusst hinzuhören, ob Gott ihm etwas sagen wollte. Mit seinen Freunden scherzte er herum, doch gleichzeitig betete er für jeden von ihnen.

Tom war mit Luis' Auto zum Restaurant gekommen, doch auf dem Rückweg musste er sich von jemand anders mitnehmen lassen, weil Luis früher ging. Als Tom bemerkte, dass Jeff allein zu seinem Wagen zurückkehrte, spürte er, dass dies eine Gelegenheit sein könnte, auf die ihn der Heilige Geist aufmerksam gemacht hatte. „Hey, Jeff", rief er. „Kann ich bei dir mitfahren?" Wenn Gott diese Fahrt für sie beide geplant hatte, dann wollte er sich gern darauf einlassen.

Tom betete schon eine ganze Weile für Jeff, weil er befürchtete, er könnte eine Affäre mit einer attraktiven Frau in ihrem Büro beginnen. Nun ergab sich also endlich die Gelegenheit, mit ihm ein Gespräch unter vier Augen zu führen. Hatte Gott Toms Gebete erhört? Schweigend fuhren sie los, und Tom betete: „Herr, bitte schenk mir die richtigen Worte und gib, dass ich das Richtige tue. Ändere sein Herz. Bereite ihn darauf vor, dass er aufnehmen kann, was du ihm sagen willst."

„Ich habe ein Problem", platzte Jeff heraus, sehr zu Toms Überraschung. Jeff bemerkte nicht einmal, dass es Tom die Sprache verschlagen hatte. Er redete weiter. „Ich weiß, dass du Christ bist, und ich hätte gern, dass du wegen einer Sache für mich betest."

Jeff erzählte Tom von seiner Befürchtung, seine Frau könnte eine Affäre haben. Tom hörte aufmerksam zu und bat gleichzeitig Gott um Weisheit und Hilfe, während Jeff redete.

Tom zögerte, die Frage zu stellen, die ihm auf den Nägeln brannte, doch dann spürte er, wie der Heilige Geist ihn anzustupsen schien: „Nur zu, frag ihn."

„Ich habe bemerkt, dass du dich in letzter Zeit viel mit Erin unterhalten hast", sagte Tom vorsichtig. „Hast du sie um Rat gefragt oder so etwas?"

Jeff nickte. „Erin ist ziemlich offen, man kann gut mit ihr reden, und darum habe ich sie nach den Anzeichen einer Affäre gefragt. Du weißt doch, vor einigen Jahren hatte ihr Mann eine Geliebte. Sie haben sich scheiden lassen. Erin hat mir Mut gemacht, Chloe direkt darauf anzusprechen. Sie meinte, wenn es stimmt und sie dann mit ihrem Liebhaber Schluss macht, soll ich ihr vergeben."

Tom hatte damals von Erins Eheproblemen erfahren und für sie gebetet. Gott hatte dieses Gebet nicht so erhört, wie Tom gehofft hatte. Doch er hatte auch darum gebetet, dass Erin in dieser schweren Zeit noch näher zu Gott finden möge, und es sah so aus, als sei genau dies geschehen.

Jeff hielt am Straßenrand an. Er war offensichtlich total verzweifelt. „Ich liebe Chloe. Sie ist die Einzige, die jemals wirklich an mich geglaubt hat." Er schlug mit der Faust aufs Lenkrad. „Aber jetzt sieht es so aus, als ob sie an irgendeinen anderen Kerl noch mehr glaubt. Das tut weh."

Jeff wandte den Blick ab, er war wirklich aufgewühlt, und Tom spürte, wie der Heilige Geist ihn aufforderte, laut für seinen Freund zu beten. „Jeff", fragte er, „kann ich hier und jetzt für dich beten?"

Jeff zuckte die Achseln. „Glaubst du, das könnte helfen?"

Tom entgegnete: „Ich weiß, dass Gott dir helfen kann. Komm, wir nehmen uns eine Minute Zeit und beten."

Als sie fertig waren, meinte Jeff: „Danke. Ich fühle mich jetzt wirklich besser. Weißt du, ich wollte eigentlich mit Dave zu Mittag essen, aber er hat in letzter Minute abgesagt, und deshalb habe ich mich entschieden, mich euch anzuschließen. Und das war viel besser, als ich es hätte planen können."

* * *

Wenn wir auf Gottes Anstöße reagieren, werden wir merken, dass wir für Anliegen beten, auf die wir selbst gar nicht gekommen wären. Natürlich kann uns Gott in der Gebetszeit Menschen vor Augen stellen, denen etwas fehlt, doch warum sollten wir einen Impuls zu beten unterdrücken, bis wir allein sind und Ruhe haben? Warum nicht gleich auf einen Anstoß reagieren, den uns der Heilige Geist gibt? Warum nicht sofort beten, wenn jemand Hilfe braucht, statt zu versprechen, das vor dem Zubettgehen zu tun oder wenn wir das nächste Mal Ruhe haben?

Meiner Erfahrung nach ist es etwas Großartiges, wenn wir für jemanden beten, sobald er uns von einer Situation erzählt hat, in der er Hilfe braucht. Als Tom zum Beispiel mit Jeff redete, wartete er nicht. Er betete an Ort und Stelle – in Gedanken –, während Jeff noch erzählte. So musste er nicht befürchten, dass er es später vergessen würde.

Wir können doch auch sonst viele verschiedene Dinge gleichzeitig erledigen, warum dann nicht auch beten? Wir sind durchaus in der Lage zu beten, während wir gleichzeitig jemandem zuhören, der uns von seiner Situation erzählt, oder sogar selbst reden. Außerdem ist das Angebot, noch laut für jemanden zu beten, eine großartige Ermutigung für den Betreffenden und ein Zeichen, dass er uns wirklich am Herzen liegt. Vielleicht weckt es bei ihm sogar das Interesse daran, mehr über diesen Gott zu erfahren. Wie können wir von einem Menschen erwarten, dass er Gebetserhörungen erkennt, wenn er nicht einmal weiß, dass jemand für ihn betet? Und was wird in ihm wohl den Wunsch wecken, Gott kennenzulernen, so wie wir ihn kennen, wenn wir nicht deutlich machen, dass wir uns völlig auf ihn verlassen, indem wir uns in jeder Notlage an ihn wenden und mit ihm reden wie mit einem Freund?

Mein Freund Paul spürte einmal, dass ihn der Heilige Geist ansprach, als er gerade mit seiner privaten Buchführung beschäftigt war. Er hatte 1.000 Dollar übrig und fragte sich, ob Gott von ihm wollte, dass er etwas Besonderes damit machen sollte. Fast unmittelbar darauf antwortete Gott und stellte ihm einen Freund vor Augen, der sich um Arme kümmerte. Als Paul ihm den Scheck überreichte, zitterte dessen Stimme, weil er so bewegt war. Er erklärte Paul, dass er Gott gefragt hatte, was er wegen einer Finanzierungslücke in seinem Budget für die laufende Woche unternehmen sollte – und dieser Fehlbetrag belief sich auf genau 1.000 Dollar.

Paul ging fröhlich wieder nach Hause, nicht nur, weil er sein Geld gut angelegt hatte, sondern weil es ein unheimlich tolles Gefühl war, dass Gott ihn gebrauchen konnte, um einen seiner Diener und dessen Arbeit zu segnen. Und genau das bedeutet es doch, im Hier und Jetzt etwas für Gott und seinen Nächsten zu tun.

Ich werde niemals das Gefühl vergessen, dass ich hatte, als Gott mich auf ähnliche Weise gebrauchte. Er forderte mich auf, mir Zeit zu nehmen, um seine – nicht etwa eine von meinen –

Ideen in die Tat umzusetzen. Ich war gerade mit dem Auto unterwegs, um einige Dinge zu erledigen, als mir ein Gedanke durch den Kopf schoss: *Besuch Linda Miller.*

Linda war ein Mitglied meiner Gemeinde. Sie hatte mich oft darum gebeten, für ihren Vater zu beten, der kein Christ war. Ihre Mutter Frieda kam auch zu unseren Gottesdiensten und hatte häufig erwähnt, dass ihr Mann Frank wegen seiner Alkoholprobleme und anderer Schwierigkeiten unsere Gebete brauchte. Frieda hatte ich hin und wieder besucht, war dabei jedoch nie ihrem Mann begegnet. Ich glaube, er ging mir absichtlich aus dem Weg.

Ich war in Eile, und weil ich glaubte, der Gedanke sei mir nur so durch den Kopf gegangen, versuchte ich ihn zu verdrängen. Doch der Heilige Geist ließ mich nicht so einfach davonkommen. Er stieß mich immer wieder an, irgendetwas wegen Linda zu unternehmen. Ich weiß nicht, was es war, doch der Gedanke kam mir wieder in den Kopf, dieses Mal ein wenig drängender: *Fahr bei Linda vorbei.*

„Ach, hör schon auf", protestierte ich. „Ich habe keine Zeit, und es ist auch schon spät." Es war schon nach 20:00 Uhr, und am Samstagabend unangemeldet bei jemandem vorbeizuschauen sah mir überhaupt nicht ähnlich.

Doch dieser Gedanke verschwand nicht, und schließlich gab ich nach und fuhr zu Linda. Als ich an die Tür klopfte, öffnete mir ihre Mutter. Frieda starrte mich einen Moment lang fassungslos an, seufzte dann vor Erleichterung und sagte: „Ich versuche schon seit Stunden, dich zu erreichen, Mark. Es geht um Frank."

Im ersten Moment dachte ich, er hätte vielleicht einen Herzinfarkt gehabt oder so etwas, doch das war nicht der Fall. Es ging um eine völlig andere Art von „Herzproblem": Frank kämpfte mit Gefühlen, mit denen er nie zuvor zu tun gehabt hatte.

Mit einer Baseballkappe auf dem Kopf, einem Kinn voller Bartstoppeln und einer mächtigen Fahne begrüßte er mich herzlich. Doch als ich mich ihm gegenüber setzte, brachte er kein Wort heraus. Einige Male blickte er auf und sagte: „Ich …" Doch er brachte den Satz nicht zu Ende.

Frieda fasste ihn liebevoll an der Hand. „Es ist schon in Ordnung, Frank. Sag ihm einfach, was dir auf dem Herzen liegt."

Schließlich brachte er den Satz heraus. „Ich bin ein Versager, Mark … und ich habe Angst … richtig Angst."

„Wovor?", fragte ich.

Er atmete tief durch. „Dass ich so sterben werde, als Trinker, der sich nie um seine Familie gekümmert hat. Dass es zu spät ist. Dass ich mich nicht mehr ändern kann. Dass für mich alles aus ist."

„Es ist nie zu spät, Frank", sagte ich.

Ich erzählte ihm von dem Verbrecher am Kreuz. Frank sagte, er könne sich an die Geschichte erinnern, und ich meinte: „Wenn es für ihn nicht zu spät war, ist es auch für Sie nicht zu spät."

Frank schüttelte den Kopf. „Aber Sie wissen nicht, was ich getan habe."

Nun war es an mir, den Kopf zu schütteln. „Aber Gott weiß es. Sehen Sie doch einmal, wie er heute Abend alles geführt hat. Frieda versucht seit Stunden, mich zu erreichen, und plötzlich tauche ich hier auf, und zwar nicht einmal bei Ihnen zu Hause. Gott wusste, wie ich Sie erreichen konnte. Er wusste, was Ihnen auf der Seele brennt. Er streckt seine Hand nach Ihnen aus. Davon bin ich überzeugt, Frank. Welchen anderen Grund könnte es dafür geben?"

Frank sah mir direkt in die Augen, während sich in seinem Inneren ein Kampf abspielte. „Aber ich verstehe nicht, wie er mich annehmen könnte ... so wie ich bin ... so wie ich immer gewesen bin."

„Aber das tut er", meinte ich leise. „Frank, Gott weiß alles, was Sie jemals getan haben, das Gute und das Schlechte. Es spielt keine Rolle mehr. Er bittet Sie nur, das Geschenk anzunehmen, das er uns mit Jesus gemacht hat – Errettung, ewiges Leben, Vergebung, neue Kraft – all das ist umsonst, und das alles kann Ihnen gehören, wenn Sie ihm vertrauen."

Er blinzelte, und seine Augen füllten sich mit Tränen. „Das will ich", stieß er hervor. „Ich will zu ihm gehören. Ich will, dass das alles in Ordnung kommt. Wird er mich wirklich annehmen?"

Wir knieten uns im Wohnzimmer hin und beteten. Zuerst betete ich, und dann Frank selbst. „Also, Gott", sagte er. „Ich habe alles verbockt. Bitte hilf mir, mit dem Trinken aufzuhören. Und hilf mir, mein Leben in Ordnung zu bringen. Und hilf mir, die Menschen so zu lieben, wie ich es sollte. Und sei mein Herr und Erretter. Darum bitte ich dich."

Jetzt stiegen auch mir die Tränen in die Augen, als ich das hörte. Es war ein bewegendes Erlebnis, einer dieser großartigen Momente, in denen wir selbst Gnade und Frieden erfahren, wenn wir einem Menschen helfen, den Weg zu Gott zu finden.

Im Lauf der Jahre wurde Frank zu einem der liebevollsten Menschen in unserer Gemeinde, der die Gabe besaß, andere absolut bedingungslos anzunehmen. Was er von Gott bekommen hatte, gab er weiter. Ich frage mich allerdings, was geschehen wäre, wenn ich auf Gottes Anstoß nicht reagiert hätte. Wäre dieser Augenblick unwiderruflich verstrichen? Hätte

Frank vergessen oder verdrängt, was ihm auf dem Herzen lag? Hätte er verzweifelt jeden Versuch aufgegeben, sich Gott zuzuwenden?

Ich weiß natürlich, dass Gott Frank auf jeden Fall geholfen hätte, wenn es sein Wille war, auch wenn ich meinen Teil des Auftrags nicht erfüllt hätte. Gott verfolgt seine Pläne, selbst wenn wir untreu sind.

Doch ich hätte die Chance verpasst, ein Teil dieses Prozesses zu sein, in dem Frank endlich seinem Herrn begegnete. Mir wäre eine Möglichkeit entgangen, aus erster Hand die mächtige Wirkung des Gebets zu erleben. Ich hätte nicht die Freude gespürt, die es bringt, wenn man Gott hört, mit ihm spricht und von ihm gebraucht wird. Für mich hätte das einen echten Verlust bedeutet.

So etwas kann man aber nur erleben, wenn man *zuhört.* Wenn wir immer nur mit unseren Anliegen und Bitten auf Gott einstürmen und ihm keine Gelegenheit geben zu reden, werden wir ihn vermutlich auch nicht hören. Deshalb sind konzentrierte Stille-Zeiten, in denen wir nur auf seine leise Stimme lauschen, ebenso wichtig wie Fürbitte, Lob und Dank.

Ich glaube, dass Gott auf viele verschiedene Arten wirkt, aber ich glaube auch, dass es Augenblicke gibt, in denen ein Mensch besonders bereit ist, auf Gott zu hören. Sein Geist spricht in diesen Augenblicken und setzt uns in Bewegung – manchmal auch, um etwas zu tun, das wir eigenartig oder völlig unangebracht finden. Es ist ein Balanceakt, wenn wir einem Anstoß des Heiligen Geistes folgen. Was passiert, wenn wir falsch liegen und gar nicht Gott, sondern nur unsere innere Stimme zu uns gesprochen hat? Ist es nicht vermessen anzunehmen, dass Gott zu uns spricht? Und was, wenn der andere Beteiligte Gottes Signale nicht hört?

Doch das liegt nicht in unserer Verantwortung. Wir sind lediglich für unsere eigenen Taten zuständig. Wenn Gott uns auffordert, etwas zu tun, müssen wir im Glauben vorwärts gehen.

Gefällt es Ihnen nicht auch, wenn der Heilige Geist Ihnen einen solchen Schubs gibt? Ich habe den Eindruck, dass er mir häufig etwas zuflüstert, und wenn ich seiner Führung folge, dann habe ich oft Anteil an etwas ganz Besonderem.

Hören Sie zu. Antworten Sie. Beten Sie. Und dann beobachten Sie, wie Gott eingreift.

5. Prinzip:

Das Medien-Modell

Während Tom im Pausenraum darauf wartete, dass der Kaffee durchlief, setzte er sich hin und blätterte die Zeitung durch. Auf der ersten Seite des Lokalteils las er einen Artikel über eine junge Frau, die einen Raubüberfall so entsetzlich vermasselt hatte, dass sie es mit Leichtigkeit in so eine Sendung geschafft hätte, in der die dümmsten Verbrecher gekürt werden. Es war eine von den Geschichten, die einen nicht nur zum Grinsen brachte, sondern förmlich danach schrie, am Mittagstisch weitererzählt zu werden.

Es dauerte eine Weile, bis Toms normale Reaktionen durchbrachen und er auf die Idee kam, für diese junge Frau, die ganz offensichtlich in Schwierigkeiten steckte, zu beten. „Herr, ich weiß nicht, was sie dazu bewegt hat, diesen Überfall zu versuchen, aber bitte sprich zu ihr. Rühre du sie an und hilf ihr, einen Weg aus der Dunkelheit zu finden."

Die Kaffeemaschine piepste und zeigte Tom an, dass die Wartezeit vorüber war. Doch bevor er reagieren und hinübergehen konnte, war Betty, Jeffs Sekretärin, bereits hereingestürmt, weil sie ebenfalls das Signal gehört hatte. Neben Tom kam sie abrupt zum Stehen und sagte: „Oh, du hast den Artikel auch gesehen? Das ist ja eine irre Geschichte, oder?"

Tom nickte mit einem schwachen Lächeln. „Nur eins ist noch

peinlicher, als wegen eines Verbrechens in der Zeitung zu stehen: in die Schlagzeilen zu kommen, weil du als Krimineller absolut unfähig bist."

„Die Frau in dem Artikel ist Bills Stieftochter", flüsterte Betty.

„Bill?"

„Aus der Versandabteilung. Es bricht ihm fast das Herz."

„Oh!", meinte Tom schockiert. „Das kann ich verstehen."

Dass es zu jemandem, der in der Zeitung stand, irgendeine persönliche Verbindung gab, machte Tom ganz schön zu schaffen und veränderte seine Perspektive. Die Frau aus dem Artikel war plötzlich kein anonymer Irgendwer mehr, über den man sich lustig machen konnte. Es war ein lebendiger Mensch – jemandes Tochter, Schwester, Freundin. Er empfand sofort Mitgefühl. Zum ersten Mal konnte Tom sich vorstellen, welche Qualen die Angehörigen eines viel gescholtenen Politikers ausstehen mussten, eines Managers, der in einen Skandal verwickelt wurde oder eines Prominenten, dessen Polizeifoto nach einer Alkoholfahrt in allen Medien rund um die Welt erschien. In diesem Augenblick kamen die Menschen, die in den Nachrichten und Zeitungen erwähnt wurden, Tom viel realer vor als jemals zuvor, und er begriff ganz neu, was für ein Privileg es war, für sie zu beten.

Obwohl Tom auch bisher schon öfter Artikel oder auch Fernsehsendungen zum Anlass genommen hatte, für die darin vorgestellten Menschen und Organisationen zu beten, trug der Vorfall mit Bills Stieftochter dazu bei, seine Gebete noch persönlicher und nachdrücklicher zu machen. Es handelte sich bei all diesen Personen um lebendige Menschen mit wirklichen Gefühlen und Bedürfnissen. Wenn er mit Gott über sie sprach, konnte er etwas tun, statt Nachrichten einfach nur hinzunehmen. Und welche Wellen das schlagen würde, konnte niemand wissen.

* * *

Die meisten Leute lesen jeden Tag die Zeitung oder Nachrichtenseiten im Internet und informieren sich über das Tagesgeschehen. Das ist der perfekte Zeitpunkt, mit Gott über die Ereignisse zu sprechen, die in diesen Artikeln erwähnt werden. Glauben Sie, dass Beten tatsächlich etwas bewirkt?

In Lukas 18,1 lesen wir, dass Jesus seinen Jüngern ein Gleichnis erzählte, um ihnen zu zeigen, dass sie immer beten und darin nicht nachlassen sollen. Jesus sagt uns damit ganz deutlich, dass wir nicht aufgeben sollen, selbst wenn wir nicht unmittelbar erleben, dass unsere Gebete erhört werden. Wenn die Frau in Jesus‘ Gleichnis nach ihrer zweiten, dritten oder vierten „Eingabe“ an den ungerechten Richter aufgegeben hätte, wäre sie kurz vor dem endgültigen Durchbruch gescheitert. Wie viele Christen geben auf, wenn sie vielleicht nur noch *ein* Gebet von der Erhörung trennt? Wenn wir aufhören zu beten, lassen wir unseren bisherigen Einsatz verfallen. Vielleicht wird Gott nicht so eingreifen, wie er es getan hätte, wenn wir weiter gebetet hätten. Wenn die Israeliten Gott vergaßen und nicht mehr beteten, so lesen wir im Buch der Richter, hatte das verheerende Wirkungen auf den Einzelnen und das ganze Volk. Doch wenn sie sich Gott wieder zuwandten, schickte er ihnen gute Führungspersönlichkeiten, die ihnen den Weg aus den Problemen zeigten.

Die Bibel lehrt durchgehend, dass Gott eingreift, wenn wir beten. Was könnte uns noch stärker zum Gebet motivieren? Und je mehr ich für Anliegen bete, die ich in den Nachrichten sehe oder höre, desto mehr bin ich überzeugt, dass das Wirkung zeigt.

Im Lauf der Jahre haben mir die Medien immer wieder Anlässe geliefert, für Menschen und Ereignisse zu beten. Hier ein paar Beispiele:

- Ein Teenager-Mädchen namens Elizabeth Smart aus Utah, das entführt worden war. Sie wurde schließlich unverletzt befreit – vielleicht haben meine Gebete daran Anteil gehabt.
- Lisa Beamer schrieb ein Buch über ihren Mann Todd, der sich am 11. September 2001 an Bord des Flugs 93 befand und über Pennsylvania abstürzte. Ich betete viel für sie und für das Buch. Es hieß „Let's Roll" (Todds letzte Worte) und wurde sehr erfolgreich, sodass viele Menschen von Todds Mut und seinem Glauben erfuhren.
- Als der Beatle George Harrison starb, betete ich, dass die übrig gebliebenen Bandmitglieder Trost bei Gott finden mögen. Ob das passiert ist, werde ich allerdings wohl nie erfahren.
- Als Mel Gibsons Film *Die Passion Christi* in die Kinos kam, betete ich für seinen Erfolg (der keineswegs selbstverständlich war) und einen positiven Einfluss auf alle Zuschauer. Ich bin sehr sicher, dass viele Menschen einen neuen Zugang zu Jesus bekommen haben, nicht zuletzt auch aufgrund vieler Gebete von Menschen wie mir.
- Ich betete, dass der Einfluss der von den Atheisten Sam Harris und Richard Dawkins verfassten Bücher nur minimal bleiben und ihre Argumente schlüssig widerlegt werden würden. Ich kann nur hoffen, dass das auch geschehen ist.

Ich behaupte sicher nicht, dass alles so gekommen ist, wie es schließlich kam, weil ich dafür gebetet habe. Aber es könnte durchaus sein – zumal ich sicher nicht der einzige war, der so oder ähnlich für diese Menschen und Ereignisse gebetet hat.

Jemand könnte nun einwenden: „Aber wie steht es denn mit all den Christen, die beten und trotzdem zu gegenteiligen Ansichten kommen, was bestimmte Themen oder Kandidaten betrifft, zum Beispiel bei der jüngsten Präsidentschaftswahl?"

Der Leib Christi bietet Raum für verschiedene politische Ansichten. Gott ist kein Republikaner oder Liberaler. Man muss sich in Erinnerung rufen, dass die Errettung eines Menschen nicht mit seinem Standort im politischen Spektrum steht oder fällt. Die Gründe, warum wir eine bestimmte politische Partei oder einen Kandidaten unterstützen oder ablehnen, sind komplex und vielfältig. Solange wir alle Gott suchen, zwischen Gut und Böse zu unterscheiden versuchen, seiner Führung folgen und unsere Wünsche seinem souveränen Willen unterordnen, sollte es Christen keine Schwierigkeiten bereiten, miteinander für politische Themen zu beten – und sich dabei auch noch zu vertragen. Gebete wie beispielsweise: „Dein Wille geschehe, Gott", „Führe unser Land auf deinem Weg, Herr" oder: „Hilf uns, die Kandidaten und Themen richtig zu bewerten" sind Bitten, die wir gemeinsam vor Gott bringen können.

Letzten Endes glaube ich, dass wir für die geistlichen Aspekte dieser Fragen und nicht für die politischen Ergebnisse beten sollten. Zum Beispiel können wir beten,

- dass die verschiedenen Kandidaten Gott begegnen und sich von ihm leiten lassen,

- dass die Wahrheit ans Licht kommt,
- dass Gottes Wille geschieht, sein Reich kommt und wir als betende Christen erleben, dass er unter uns wirkt,
- dass die Menschen in der Politik ein wirkliches Interesse an den geistlichen Aspekten ihrer Entscheidungen und Maßnahmen entwickeln (indem sie etwa Menschen in Not helfen usw.),
- dass Gott verantwortungslose Menschen davon abhält, in eine Machtposition zu gelangen, damit sie nichts Schlimmes anrichten. Wenn aber doch so etwas geschieht, bitte ich Gott, dass er diese Situation letzten Endes zu seiner Ehre und zum Guten der Menschen, die zu ihm gehören, wendet.

Im Lauf der letzten Jahre hat mich das Weltgeschehen immer mehr interessiert, und ich habe für viele Ereignisse gebetet, von denen ich durch die Medien erfahren habe. Vor allem der Tsunami, der Ende 2004 über einige Länder am Rand des Pazifik hereinbrach, und der Hurrikan *Katrina* im Jahr 2005 bewegten mich sehr stark dazu, für die Menschen zu beten, die von diesen Naturkatastrophen betroffen worden waren. Bald nach diesen Ereignissen sandte meine Gemeinde jeweils ein Team von Krankenschwestern, Ärzten und freiwilligen Helfern aus, um den Menschen dort zu helfen. Ich kannte viele der Freiwilligen persönlich und betete besonders intensiv für sie.

Ein weiteres Ereignis, das meine Aufmerksamkeit auf das Weltgeschehen gelenkt hat, ist der Irakkrieg. Ich bete seit Jahren für die Militärkampagne dort und die Soldaten, die daran beteiligt sind, und darüber hinaus für den Aufbau des Landes und das Wohlergehen der vielen Zivilisten und Soldaten, die unter diesem Krieg zu leiden hatten und haben. Als die immer blutigeren Angriffe des irakischen Al-Kaida-Terroristenführers die Schlagzeilen beherrschten, begann ich Gott zu bitten, diesen Mann zu verändern und seinen Einfluss zu verringern. Wie wir alle wissen, wachten wir eines Morgens auf und hörten, dass man ihn umgebracht hatte.

Glaube ich wirklich, dass meine Gebete Auswirkungen auf die von mir erwähnten Ereignisse hatten?

Wenn ich in der Bibel lese, fallen mir immer wieder Berichte auf, die von der Macht des Gebets sprechen – angefangen bei Mose, der in 2 Mose 32,7-14 Gott regelrecht dazu überredet, die Israeliten, die sich der Götzenanbetung schuldig gemacht haben, nicht zu vernichten, über Abraham, der in 1 Mose 18,22-33 um Sodom und Gomorra „feilscht", bis hin zu Hiskias Gebet um Heilung in 2 Könige 20,1-6 und viele andere erstaunliche Gebetserhörungen.

Wenn uns die Bibel etwas lehrt, dann, dass Gott auf unseren Glauben und unsere Gebete reagiert und zu unseren Gunsten eingreift. Warum sollte Gott uns immer wieder vor Augen stellen, dass Gebet etwas bewirken kann, und uns dann im 21. Jahrhundert plötzlich dieses Vorrecht verweigern? Im Gegenteil, Paulus schreibt in Römer 15,4: „Was in den Heiligen Schriften steht, wurde im Voraus aufgeschrieben, damit wir den Nutzen davon haben. Es soll uns zum geduldigen Ertragen anleiten und uns Mut machen, an der gewissen Hoffnung auf die endgültige Erlösung festzuhalten." Zu dieser Hoffnung gehört auch der Glaube, dass Gott für uns und die Welt Partei ergreift, wenn wir beten.

Nach jeder Wahl lese ich in irgendeiner Kolumne, dass das Gesamtergebnis vielleicht völlig anders ausgefallen wäre, wenn in einem Wahlkreis hier oder dort auch nur eine einzige Stimme anders abgegeben worden wäre. Und beim Gebet? Ist es denkbar, dass die Bitte eines einzigen Menschen den Ausschlag geben und Gott zum Handeln bewegen könnte? Natürlich ist Gott souverän. Aber er antwortet den Menschen. Könnte Ihr Gebet es sein, das ihn umstimmt?

Wir wissen aus der Bibel, dass oft die Gebete eines einzigen Menschen Gott dazu bewegten, etwas zu tun oder nicht zu tun. In 1 Könige 17,1 lesen wir, wie Elia König Ahab mitteilte, dass es in Israel so lange nicht regnen würde, bis Elia selbst wieder um Regen bat. Und genau so kam es auch – erst drei Jahre später fiel wieder Regen.

In 1 Samuel 1 lesen wir von Hanna, die Gott anflehte, ihr einen Sohn zu schenken. Ihr Gebet wurde erhört und Samuel kam zur Welt – ein Kind, das als Erwachsener zu einem der größten Propheten und Richter in Israel werden sollte.

In Hiob 42, als Hiobs Prüfung überstanden ist und sich das Drama seinem Ende zuneigt, fordert ihn Gott auf, für seine drei Freunde zu beten, seine „Berater", die Hiob so schlecht getröstet hatten. Gott vergab ihnen allen, *weil Hiob für sie gebetet hatte.*

In 2 Könige 19,8-20 und 32-37 wird berichtet, wie Gott das mächtige Heer Sanheribs vor den Toren Jerusalems vernichtend schlug, *weil König Hiskia gebetet hatte.*

Immer wieder höre ich von Christen, dass sie ihre Zeit nicht mit Banalitäten vergeuden wollen. Sie wollen sich nicht länger mit einer Zuschauerrolle auf der Weltbühne zufriedengeben. Sie sehnen sich nach einer sinnvollen Aufgabe, dem Gefühl der Zugehörigkeit zu etwas, das größer ist als sie selbst. Sie möchten, dass das, was sie tun, von Bedeutung ist. Die wenigsten von uns können die Armut auf der Welt abschaffen, Frieden im Nahen Osten stiften, Intoleranz und Rassismus ausrotten oder einen Atomkrieg verhindern. Selbst der Präsident der Vereinigten Staaten oder andere führende Politiker sind oft nicht in der

Lage, dauerhaft positive Veränderungen dieser Größenordnung herbeizuführen.

Doch wir müssen keine politischen Würdenträger sein, um eine Quelle unbegrenzter Kraft anzuzapfen. Durch das Gebet können wir den kontaktieren, der wirklich alles in der Hand hat, und so die Weltpolitik gestalten. Wenn Gott die Antwort ist und Gebet Gott zum Handeln bewegt, werden Sie dann den Entschluss fassen, dem Gebet für globale Themen eine höhere Priorität in Ihrem Leben einzuräumen, und zwar ab sofort?

6. Prinzip:

Gebetsschichten einlegen

Beten kann langweilig werden, wenn Sie nicht daran arbeiten. Nur allzu leicht stimmt man immer die alte Leier an und betet dasselbe für seine Familie, sich selbst und andere. Man muss Disziplin aufbringen und sich Mühe geben, um aus den eingefahrenen Gleisen auszubrechen.

Das war der Grund, warum Tom oft eine Methode benutzte, die er „in Schichten beten" nannte. Er sagte sich beispielsweise: „In den nächsten Stunden werde ich nur für meine Kollegen beten." Von diesem Zeitpunkt an betete er immer dann, wenn ihm der Heilige Geist einen Kollegen vor Augen stellte, für den Betreffenden. Oft war dieses Gebet ganz allgemein formuliert: „Bitte segne diesen Menschen heute und hilf ihm, seine Arbeit gut zu erledigen." Oder auch: „Herr, schenk ihr heute neuen Mut – vielleicht durch etwas, das du jemandem eingibst." Oder: „Gott, wie du in Hebräer 4,12 gesagt hast, ist dein Wort ‚schärfer als das schärfste beidseitig geschliffene Schwert'. Gebrauche dein Wort, um Joe davon zu überzeugen, dass er falsch gehandelt hat, und zieh ihn wieder hin zu dir."

Manchmal betete Tom auch wegen speziellerer Anliegen. Er dachte an Kollegen, die besondere Unterstützung brauchten, weil sie sich Sorgen machten – Jeff, der so große Angst um seine Ehe hatte; Bill aus der Versandabteilung und seine straffällig gewordene Stieftochter; Ken, der befürchtete, seine Arbeit zu verlieren – und jeden von ihnen machte er zum Thema einer „Gebetsschicht". Er fing mit Jeff an. Wenn Tom einen Augenblick Zeit hatte, betete er, dass sich die Möglichkeit ergeben würde, mit Jeff weiter über Gott zu reden; dass seine Ehe gerettet werden würde und dass es Tom gelingen würde, ihm wieder neuen Mut zu schenken.

Wenn er sich dann etwa eine Stunde lang auf Jeff konzentriert hatte (natürlich nicht ausschließlich; er hatte ja zu arbeiten – er schob nur immer mal wieder ein Gebet ein, wenn es sich gerade anbot), rückte er in seiner nächsten Gebetsschicht Ken und seine Angst vor der Arbeitslosigkeit in den Mittelpunkt. Dabei versuchte er wie immer auch hinzuhören, ob Gott ihm irgendetwas sagen wollte, was er für Ken tun oder zu ihm sagen könnte. Nachdem er im Lauf der nächsten Stunde mehrere Male für Ken gebetet hatte, ging er zu Bill und seiner Stieftochter: dass Gott diese Situation zum Guten wenden würde, dass Tom Ideen bekäme, wie er Bills Familie Trost spenden und helfen könne, dass Gott selbst zu der jungen Frau sprechen und in ihr den Wunsch wecken würde, ihn um Hilfe zu bitten, und dass er ihrem Leben eine neue Richtung geben möge.

Nachdem Tom eine Weile so für seine Kollegen gebetet hatte, wechselte er zu einem ganz neuen Thema: „Jetzt werde ich ausschließlich für Menschen und Vorkommnisse in meinem Umfeld und in meiner Welt bitten, wann immer mir der Heilige Geist einen Anstoß gibt."

Wenn er in dieser Zeit irgendwelche Nachrichten hörte oder las, betete er für die betreffende Situation: „Gott, hilf den Menschen, mit den Auswirkungen des Erdbebens in Indonesien fertig zu werden. Schick ihnen schnell Nahrungsmittel und

Hilfskräfte." Und: „Jesus, sei bei den Menschen, die an dem Unfall beteiligt waren, von dem ich im Verkehrsfunk gehört habe. Hilf den Verletzten, dass sie schnell ins Krankenhaus gebracht werden und dort gut versorgt werden." Und: „Vater, bitte gib, dass es in diesem Jahr keine schweren Hurrikans mehr gibt. Und wenn ein Sturm Verwüstungen anrichtet, dann gib, dass man schnell und effektiv darauf reagiert."

In den nächsten beiden Stunden konzentrierte sich Tom auf Ereignisse in der Welt um sich herum. Als die Zeitspanne, die er sich dafür vorgenommen hatte, verstrichen war, wechselte er wieder das Thema: „Jetzt bete ich nur für Menschen in meinem persönlichen Umfeld." Nun brachte er Menschen aus seinem Bekanntenkreis vor Gott, die ihn noch nicht kannten oder ein besonderes Problem hatten. „Hilf unseren Nachbarn, Herr. Sie werden alt, und es fällt ihnen schwer, Haus und Garten in Ordnung zu halten. Ich weiß nicht, ob sie dich kennen. Gib mir die Möglichkeit, für sie zum Segen zu werden und ihnen von dir zu erzählen." Und: „Du kennst die Situation der Familie gegenüber, die sich gerade getrennt haben. Herr, wenn es dein Wille ist, bring sie wieder zusammen. Beschütze die Kinder in dieser für sie schweren Zeit; lass sie deine Nähe und deinen Trost spüren. Wende die Dinge zum Guten, auf deine Art und nach deinem Zeitplan."

Als Tom am Abend noch einmal Revue passieren ließ, wohin ihn seine „Gebetsschichten" an diesem Tag geführt hatten, merkte er, dass er ein großes Gebiet abgedeckt hatte: einmal um den Globus herum, durch die ganze Nachbarschaft und ganze Straßenzüge herunter, in denen Not herrschte, sich aber auch Chancen boten.

* * *

Das „Schichtenprinzip" ist eine einfach anzuwendende Gebetsmethode, die Sie davor bewahrt, immer für dieselben Anliegen zu beten. Es gibt Ihnen eine kreative Möglichkeit an die Hand, im Gebet an viele verschiedene Menschen und Aspekte unserer Welt zu denken.

Hier nun einige Beispiele für Gebetsanliegen, denen Sie sich im Lauf des Tages zuwenden können:

- Familie und Freunde
- Entferntere Verwandte
- die Regierung
- Krisenherde in der Welt
- Nachbarn
- Gemeindeveranstaltungen
- Ihr Hauskreis oder Ihre Kleingruppe
- Ihre Arbeitsstelle und Kollegen
- die Lehrer und Klassenkameraden Ihrer Kinder
- Ihren nächsten Urlaub
- Gerichte und das Justizsystem

Sie merken, wie dieser Prozess Sie dazu ermutigen kann, für viele verschiedene Anliegen und Themen zu beten, an die Sie normalerweise vielleicht gar nicht denken würden. Statt sich tagein, tagaus auf denselben alten Gleisen zu bewegen, können Sie den Gang der Dinge in unserer Welt bebeten, viele verschiedene Themen abdecken und die Menschen vor Gott bringen, mit denen Sie täglich zu tun haben. Stellen Sie sich nur vor, was alles passieren kann, selbst wenn nur ein geringer Prozentsatz dieser Gebete von Gott positiv beantwortet wird.

Ich nutze diese Methode nicht jeden Tag. Sie ist aber gut geeignet, wenn Sie sich etwas uninspiriert fühlen oder wenn

Sie Neuland erforschen wollen. Sie können ruhig ein wenig damit herumexperimentieren. Denken Sie sich Ihre eigenen Kategorien aus, lassen Sie Ihre Fantasie spielen. Vieles ist möglich, doch achten Sie darauf, dass Sie Kategorien wählen, die Sie auf viele unterschiedliche Themen führen.

Zu meinen Lieblingskonzepten gehört es, als übergeordnetes Gebetsanliegen die vielen Menschen durchzugehen, die ich im Lauf meines Lebens kennengelernt habe. Weil ich an vielen verschiedenen Orten gelebt habe, ordne ich die „Schichten" nach Zeit und Ort. Bei mir sieht es dann so aus, dass ich für folgende Anliegen bete:

- für die Menschen, die ich in meiner Kindheit in Lansdale im Bundesstaat Pennsylvania kennengelernt habe,
- dann für meine Freunde in Cherry Hill, New Jersey, wo ich zwischen meinem 8. und meinem 21. Lebensjahr gewohnt habe,
- dann für meine Kommilitonen am College,
- danach für die Menschen, denen ich auf dem Seminar begegnet bin,
- und so weiter, durch alle Lebensabschnitte und Wohnorte bis zur Gegenwart.

Auf diese Weise rufe ich mir Menschen bewusst in Erinnerung, die ich viele Jahre nicht gesehen habe und sonst vergessen hätte. Ich muss dabei nicht ins Detail gehen oder lange für sie beten. Oft weiß ich nicht einmal, wie ihr Leben heute aussieht, doch Gott weiß es. Und sogar ohne Einzelheiten zu kennen, gibt es vieles, wofür ich beten kann.

„Herr, hilf Dustin, dich zu finden. Schicke ihm Menschen über den Weg, die ihm von dir erzählen."

„Segne die Ehe von Freddy und hilf ihm, dass er seinen Kindern ein guter Vater ist."

Ich bete häufig für Menschen, die ich vom College kenne. Hin und wieder höre ich von jemandem, der im Internet auf eins meiner Bücher gestoßen ist. Die Folge davon ist, dass ich mit vielen von ihnen über Gott reden kann, und in manchen Fällen habe ich sie zum Nachdenken gebracht. Dann bete ich dafür, dass der ausgestreute Samen Frucht bringt, wenn Gottes Zeit erfüllt ist.

Das Prinzip, in Schichten zu beten, gibt mir die Möglichkeit, für Menschen zu beten, die ich in meiner normalen Gebetszeit sonst nicht berücksichtige. Auch wenn ich in den meisten Fällen nie erfahre, was daraus geworden ist, bin ich ganz sicher, dass meine Gebete für diese Menschen, ihr Leben, ihre Seele und ihr Glück, nicht vergebens waren.

Das Schichten-Prinzip kann auch Ihnen helfen, in Ihrem Gebetsleben viele Themen abzudecken. Lassen Sie sich auf ein Abenteuer ein, wie Sie es nie für möglich gehalten hätten.

7. Prinzip:

Der Listen-Trick

Tom ging gern walken. Auf diese Weise konnte er sich körperlich betätigen, bekam frische Luft und begegnete Leuten aus seinem Viertel. Außerdem bot es eine gute Möglichkeit zu beten.

Wenn er an den Häusern vorüberging, betete er für die Menschen, die dort lebten, selbst wenn er sie gar nicht persönlich kannte. Er bemühte sich, mindestens vier Mal pro Woche eine halbe Stunde lang zu walken. Das gab ihm die Möglichkeit, fast zwei Stunden in der Woche zu beten. Es war ganz leicht: Wenn seine Gedanken abschweiften und ihm irgendein Problem in den Sinn kam, ermahnte er sich, lieber mit Gott darüber zu reden, als sich darum Sorgen zu machen.

Mitunter führte die Spontaneität des Zehn-Sekunden-Gebets zu einem gewissen Chaos. Klar, es war toll, für Dinge zu beten, die einem gerade durch den Kopf gingen. Wie stand es aber mit belastenden Ereignissen, die sich Tag für Tag, Woche für Woche ereigneten, auch wenn er nicht allzu oft daran dachte?

Dieses Dilemma bewog Tom, die bewährte Praxis aufzugreifen, Gebetslisten zu führen. Auf einem Blatt Papier notierte er sich Menschen, Situationen und Ereignisse, für die er beten wollte. Diese Liste nutzte er als Anstoß für viele verschiedene Zehn-Sekunden-Gebete. Auf jeder dieser Listen ging er zehn oder zwanzig Situationen durch und flehte Gott an einzugreifen. Tom widmete jedem Punkt ein Zehn-Sekunden-Gebet und machte dann weiter. Es war nicht ungewöhnlich, dass er zwischen den einzelnen Gebeten eine Pause machte, doch irgendwann kehrte er immer zu seiner Liste zurück und machte dort weiter, wo er aufgehört hatte.

Tom nahm beim Walken noch andere Listen mit. Jeden Morgen schrieb er sich auf, was er im Lauf des Tages in Angriff nehmen wollte. Wenn er in der Mittagspause walken ging, betete er über dieser To-do-Liste. Einmal pro Woche brachte er sie auf den neuesten Stand, strich die Punkte durch, die nicht mehr aktuell oder bereits erledigt waren, fügte neue Punkte hinzu und sprach alles mit Gott durch. Dazu gehörte auch das erwähnte bewusste Hinhören: Immer wieder brachte Tom alle seine Gedanken zur Ruhe und konzentrierte sich ganz darauf, einfach nur zu lauschen, ob Gott etwas zu seinen Gebetsanliegen sagte.

Es fiel ihm nicht schwer, mit den Gebetslisten zu arbeiten. Er steckte sie sich in die Tasche oder ins Portemonnaie, damit er sie jederzeit griffbereit hatte. Meist betete er für alle Punkte auf der Liste einmal und ging dann zur nächsten über. Obwohl Tom für jedes Anliegen nur ein paar Sekunden betete, entweder gegen Ende seiner Walking-Tour oder am Wochenende, verbrachte er so zusammengenommen viele Minuten im Gespräch mit Gott.

Wenn Tom mit seiner Familie frühstückte, tauschten sie oft Gebetsanliegen aus. Da gab es immer viele Dinge, die die einzelnen Familienmitglieder beschäftigten und die sie gemeinsam vor Gott bringen:

- Einige Kinder machten sich immer wieder über Brad lustig, weil er vor dem Mittagessen in der Schule betete.
- Jenny brauchte Gottes Hilfe, um bei einer schwierigen Klas-

senarbeit alles abrufen zu können, was sie gelernt hatte, statt vor lauter Aufregung die Hälfte zu vergessen.

- Ihrer alten Hündin ging es immer schlechter. Vielleicht würde Gott ihren geliebten Hund anrühren und ihr noch ein paar gute Monate schenken. Sie brauchten Gottes Weisheit, um eine Entscheidung zu treffen, falls es nicht besser mit ihr würde.
- Toms Situation am Arbeitsplatz wurde immer schwieriger und unsicherer. Das stand immer auf seiner Liste, doch vielleicht würden die Kinder es auch auf ihre übernehmen.

Tom fügte schnell einige Punkte zu seiner Gebetsliste hinzu, steckte sie in die Tasche und machte sich auf den Weg zur Arbeit. Dort legte er die Liste auf den Schreibtisch, damit sie ihn im Lauf des Tages immer wieder daran erinnerte, für diese Anliegen zu beten.

Einmal kam Erin herein, um einen Bericht abzuholen, und bemerkte sie.

„Was ist denn das, Tom?", fragte sie neugierig. „Hast du Ärger zu Hause?"

„Nein, das sind nur Dinge, für die ich bete. Die Kinder hatten einiges auf dem Herzen, und Carla auch. Ich mache mir eine Liste, damit ich nicht vergesse, dafür zu beten."

„Du glaubst wirklich, dass Beten hilft, oder?", fragte Erin. Sie schien sich langsam vorzutasten, doch er konnte noch nicht sagen, ob sie es gut fand oder nicht, dass er betete.

„Gott hat in meinem Leben schon wirklich unglaubliche Dinge vollbracht", sagte er.

„Gib mir mal ein Beispiel."

Tom erzählte ihr, wie er für Bill aus der Versandabteilung und seine Stieftochter, die in Schwierigkeiten steckte, gebetet hatte und sich dann einige Male die Möglichkeit zu einem Gespräch ergeben hatte. „Er ist Christ geworden, und das hat sein ganzes Leben verändert – und seiner Tochter geht es auch besser. Die Gerichtsverhandlung steht vor der Tür, und ihr Anwalt glaubt, dass er den Richter zu einem milden Urteil bewegen kann, weil sie nicht vorbestraft ist und gute Aussichten hat, ihr Leben wieder in den Griff zu kriegen."

„Das ist wirklich gut."

„Es ist immer aufregend, wenn ich sehe, wie Gott in das Leben der Menschen eingreift, für die ich gebetet habe."

Erin stand einfach da und nickte. Dann wandte sie den Blick ab, und Tränen stiegen ihr in die Augen. „Könntest du mich auch auf deine Liste setzen? Bitte. Nur für ein paar Tage."

„Natürlich", meinte Tom, und man sah deutlich, dass er Anteil nahm. „Ist irgendetwas nicht Ordnung? Ich bete dafür, so lange du willst."

Sie ging auf den Stuhl zu und setzte sich hin. Ihr Make-up war leicht verschmiert. „Meine Mutter stirbt an Krebs. Ihr bleibt nicht mehr viel Zeit, glaube ich." Sie hielt inne und wischte sich ärgerlich die Augen. „Ich will gar nicht weinen. Ich kann das nicht ausstehen."

„Das ist schon in Ordnung", sagte Tom und reichte ihr ein Taschentuch.

Erin holte tief Luft. „Meine Mutter ist meine beste Freundin, und ich weiß nicht, wie ich ohne sie leben soll. Und die Ärzte –" Wieder schniefte sie. „Die Ärzte haben die Hoffnung aufgegeben. Vermutlich wird sie also einfach sterben." Sie schnäuzte sich und blickte Tom an. „Es ist so schwer zu ertragen."

Tom schwieg einen Moment, dann fragte er: „Wofür soll ich beten?"

Sie schaute zur Seite und wiegte nachdenklich den Kopf hin

und her. „Ich weiß nicht. Ich verstehe nicht viel von Gott und Beten und solchen Sachen. Als Kind bin ich zur Kirche gegangen, aber du weißt ja, wie das ist. Ich habe mich halt so durchgewurstelt. Aber jetzt weiß ich nicht mehr, was ich tun soll." Erin seufzte frustriert, dann fragte sie: „Wofür würdest du denn beten?"

Tom dachte nach. „Hmmm", meinte er, als der Heilige Geist ihn auf einige Ideen brachte. „Zuerst mal bleibst du auf meiner Liste, so lange es notwendig ist. Ich werde jeden Tag für dich beten. Ich will Gott bitten, deine Mutter zu heilen oder wenigstens den Krebs aufzuhalten. Ich weiß, dass Gott Menschen gesund machen kann, aber das tut er nicht immer. Ich werde ihn also bitten, dass er deine Mutter auf jedem Schritt ihres Weges begleitet, dass er sie sanft und liebevoll an die Hand nimmt, wenn ihre Zeit gekommen ist, und dass sie – und du – in der Lage seid, vor ihrem Tod alles miteinander in Ordnung zu bringen, in geistlicher Hinsicht und auch in eurer Beziehung zueinander."

Erin nickte mit großen Augen und schien mit allem einverstanden zu sein, was Tom sagte. Sie lächelte, putzte sich die Nase und sagte: „Tom, ich weiß nicht, ob ich glauben kann, dass Gebete all das bewirken können, was du sagst, aber ich hoffe es wirklich. Na ja, ich werde es wohl herausfinden."

„Vermutlich schon", meinte Tom zuversichtlich. „Vermutlich schon."

* * *

Beim Walken sehe ich oft Menschen, die im Eiltempo an mir vorbeijoggen. Sie tragen Kopfhörer, um sich von Musik oder Hörbüchern unterhalten zu lassen. Sie wirken, als ob sie Schmerzen hätten, und ich bin froh, dass meine Walking-Touren nicht von mir verlangen, mich in eine Rennmaschine zu verwandeln. Ein Spaziergang verschafft einem Bewegung, bietet aber auch eine großartige Möglichkeit, um in Ruhe mit Gott zu reden. Ich empfehle Spaziergänge mit Gebet jedem, der gerne zwei Fliegen mit einer Klappe schlägt.

Aber Spazierengehen oder Walken ist nicht die einzige gute Möglichkeit, um für die Punkte auf einer Liste zu beten oder auf Gott zu hören. Kaffeepausen und Mittagessen und noch eine Million anderer Gelegenheiten sind Augenblicke, in denen Sie sich Ihrer Liste zuwenden und Gott um seinen Beistand bitten können.

Ein Freund von mir nimmt seine Gebetsanliegen auf Kassette auf. Zwischen den einzelnen Anliegen lässt er jeweils eine Pause, und das gibt ihm Zeit, dafür zu beten, bevor er zum nächsten Punkt kommt. Wenn er spazieren geht oder Auto fährt, schiebt er die Kassette ins Abspielgerät und ruft sich so die Dinge in Erinnerung, über die er mit Gott reden will.

Auf meiner Liste mit Gebetsanliegen meiner Kinder stehen oft auch Dinge, die ich selbst für zu banal halte. Aber ich will die Wünsche meiner Kinder ernst nehmen, und wenn es für sie wichtig ist, dass ich für etwas bete, dann tue ich das – auch wenn es sich um etwas scheinbar Unwichtiges handelt. Es geht mir darum, dass sie das Gespräch mit Gott als wichtig wahrnehmen und merken, dass Gott sich wirklich für alle Belange ihres Lebens interessiert. Und das kann auch auf etwas verschlungenen Wegen passieren. Dazu eine kleine Geschichte aus unserer Familie:

Mein Sohn Gardner war beim Spielen mit seinem Gameboy auf der Wohnzimmercouch eingeschlafen. Als er wieder aufwachte, war der Gameboy verschwunden. Natürlich glaubten alle, dass seine zweijährige Schwester Elizabeth etwas damit zu tun hatte. Doch sie verneinte dies. (Zumindest klang es so; sie schüttelte den Kopf und gab auf unsere Fragen mal „Ja“, mal „Nein“ zur Antwort.) Es lief darauf hinaus, dass sie uns nicht sagen konnte, was sie damit gemacht hatte – wenn sie den Gameboy denn überhaupt hatte verschwinden lassen.

Nachdem er einige Tage nicht aufzufinden war, riet ich Gardner, dafür zu beten. Und weil er über den Verlust so traurig war, setzte ich ihn und den verschwundenen Gameboy ganz oben auf meine Liste. „Bitte, Herr, hilf uns, diesen Gameboy zu finden“, betete ich häufig. „Und gib, dass Gardner etwas Wichtiges daraus lernt.“

Ich befürchtete schon, dass wir den Gameboy versehentlich weggeworfen hatten. Doch ich brachte dieses Problem immer wieder vor den Herrn, und er schien mir Mut zu machen, weiter dafür zu beten. Diese Aufforderung höre ich öfter, wenn Gott mir zu verstehen gibt, dass er mein Gebet erhören will.

Über eine Woche verstrich, und obwohl ich immer noch für den Gameboy betete, stand er nicht mehr ganz oben auf meiner Liste. Eines Tages dann rannte Gardner aufgeregt auf mich zu. „Elizabeth hat meinen Gameboy gefunden!“, rief er.

„Wie bitte?“,fragte ich, erfreut und erstaunt zugleich. „Wo denn?“

Sie hatte den Abfalleimer im Wohnzimmer umgestoßen und der Gameboy war herausgefallen. Da der Abfalleimer sich nicht allzu schnell füllt, hatten wir ihn einige Wochen nicht geleert. Wie leicht hätte das geschehen können, weil wir nicht wussten, welcher Schatz sich darin befand, und der teure Gameboy wäre weg gewesen.

Doch Gott hatte Bescheid gewusst ... und gehandelt. „Gott hat unser Gebet erhört, Papa, oder?“, meinte Gardner.

„Das hat er wirklich.“

„Von jetzt an werde ich für alles beten", sagte Gardner. „Ganz egal, worum es geht, ich will dafür beten."

„Wie zum Beispiel was?"

„Dass ich meinen Gameboy nie wieder verliere."

„Gute Idee. Und was noch?"

„Dass du mir ein Eis kaufst."

Ich musste lachen, aber die ganze Sache fand ich großartig. Gottes Interesse an dem Gameboy hatte Gardner davon überzeugt, dass es sich lohnt, mit ihm über unsere Anliegen zu reden.

Hier nun einige Ideen, was für Gebetslisten ich anlege und pflege – vielleicht ist die eine oder andere Anregung für Sie dabei:

- ▷ Eine Liste für Ihre persönlichen Wünsche und Probleme. Führen Sie einfach alles auf, was Ihnen am Herzen liegt – Ihre Familie, Ihre Arbeitsstelle, Ihre Gemeinde usw.
- ▷ Listen mit Gebetsanliegen Ihrer Gemeinde. Manchmal sind sie im Gemeindebrief abgedruckt. Oft werden darin Gemeindemitglieder erwähnt, die erkrankt sind oder sich in einer Notlage befinden. Fühlen Sie sich nicht verpflichtet, immer und immer wieder dafür zu beten. Gott verspricht uns, dass er jedes Gebet hört, selbst wenn wir es nur ein einziges Mal vor ihn bringen.
- ▷ Besondere Listen, die Sie auf Ihren Spaziergängen benutzen. (Darüber gibt es beim 15. Prinzip noch mehr zu lesen.) Das ist eine ausgezeichnete Möglichkeit, für viele Probleme und Menschen auf der Welt und in Ihrem Leben zu beten.
- ▷ Bibelverse, die Sie als Anregung zum Gebet nutzen können. (Mehr darüber beim 11. Prinzip, wo es um Beten mit der Bibel geht.)

Eine Liste, die mir besonders wichtig ist, wird von unserer Gebetsgruppe beim wöchentlichen Treffen zusammengestellt. Wir geben ein Blatt Papier im Kreis herum, und jeder schreibt ein Gebetsanliegen auf, das ihm auf dem Herzen liegt. Dann macht jemand Kopien für alle Teilnehmer und verteilt sie, damit sie jeder nach Hause nehmen kann. Ich bete die gesamte Liste mindestens einmal durch. Ich finde den Gedanken aufregend, dass viele andere Menschen für die gleichen Anliegen beten, und ganz besonders lohnenswert ist es, wenn wir sehen, was bei unseren Gebeten herauskommt.

Eine Frau erwähnte zum Beispiel einmal, dass der Enkel ihres Bruders an einer schlimmen Hautkrankheit litt, die seinem jungen Leben ein vorzeitiges Ende setzen könnte. Ihr Bruder – kein Christ – war verständlicherweise verzweifelt. Wir beteten. Einige Wochen darauf erzählte sie, die Ärzte hätten gesagt, die Krankheit sei auf unerklärliche Weise verschwunden. Darüber hinaus berichtete sie, dass ihr Bruder jetzt immer wieder neue Fragen zum Gebet und zum Glauben stellte.

Eine andere Frau aus unserer Gruppe erzählte, dass ihre Tochter Schwierigkeiten mit dem Sorgerecht für ihre drei Töchter hatte, die sich in Pflegefamilien befanden. „Wir wären bereit, die Kinder zu uns zu nehmen", sagte sie, „aber der Staat lässt es nicht zu. Wir müssen Gott dazu bewegen, einzugreifen, damit wir die Kinder nach Hause holen können. Mit menschlichen Mitteln ist nichts zu wollen."

Wir alle gingen auf die Knie und flehten Gott an, die Situation zu verändern. Einige Monate nach unserem Gebet konnte die Frau glücklich erzählen: „Wir haben die Kinder! Sie haben sie diese Woche zu uns geschickt."

Einem Mitglied unseres Kreises musste ein künstliches Kniegelenk eingesetzt werden. Er hatte Angst und befürchtete, nie wieder richtig gehen zu können. Wir beteten dafür. Die Operation verlief bestens und er geht heute mit federndem Schritt wie ein Mittzwanziger.

Und auch ich habe davon profitiert, dass ich auf der Gebetsliste dieser Gruppe stand. Einmal habe ich mich über unseren neuen Kater Frodo geärgert. Meine Frau und die Kinder waren auf Besuch bei den Großeltern in Texas, doch ich war zu Hause geblieben. Eines Nachts schlich sich Frodo aus dem Haus und verschwand. Tagelang bekam ich ihn nicht zu Gesicht. Ich wollte Jeanette nichts davon erzählen, weil Frodo von allen unseren Haustieren ihr Liebling war (wir haben zwei Hamster, zwei Hunde, zwei Katzen und zwei Fische), aber schließlich gestand ich es ihr doch. Jeanette bestand darauf, dass ich im Garten laut nach ihm rufen und in der Nachbarschaft nach ihm Ausschau halten sollte, weil er sich vielleicht vor dem Hund versteckte. Das tat ich, aber ich fand nicht einmal ein Haar von ihm.

Schließlich erzählte ich im Gebetskreis von unserer Katzenkrise und setzte Frodo auf die Liste. Alle nahmen Anteil, vor allem eine Frau, die Katzen für Gottes größtes Schöpfungswerk gleich nach dem Menschen hält. Wir beteten also alle für Frodo.

Am nächsten Abend hörte ich, wie eine Katze miaute und an der Tür kratzte, und als ich aufmachte, saß Frodo vor mir. Ich war froh und rief sofort Jeanette in Texas an, um ihr die gute Nachricht weiterzugeben. Am nächsten Mittwoch konnte ich im Gebetskreis erzählen, was passiert war.

Glauben Sie, es wäre möglich, dass wir so viele Gebetserhörungen in kleinen, alltäglichen Dingen erleben, dass wir sie fast für selbstverständlich halten? Wir vergessen, dass Gott treu und interessiert ist und unsere Gebete hört und erhört. Ich weiß, dass ich mich manchmal dieses Fehlers schuldig mache. Nur sechs Monate nachdem Frodo wieder aufgetaucht war, hatte ich schon längst wieder vergessen, dass Gott mein Gebet erhört hatte. Als wir eines abends einmal im Gebetskreis Anliegen austauschten, erwähnte ich, dass ich schon lange keine Gebetserhörung mehr erlebt hatte, und das, obwohl manche meiner Gebetsanliegen durchaus dringend waren. Ich fragte mich, ob irgendetwas falsch lief oder wir noch inständiger beten müssten. Die Gruppe dachte darüber nach, bis jemand der Diskussion eine neue Richtung gab, indem er die vielen Gebetserhörungen aufzählte, die wir in letzter Zeit erlebt hatten, darunter auch die oben erwähnten. Eine Frau meinte: „Und dann war da ja noch die Sache mit deiner Katze."

Erst als sie die Geschichte noch einmal erzählte, fiel es mir wieder ein. „Na, da lag ich wohl falsch", räumte ich schließlich ein. „Gott hat wirklich viele unserer Gebete erhört."

Das führte mir neu vor Augen, welchen Wert es hat, meine Gebetslisten aufzuheben, *nachdem* die Gebete beantwortet worden sind. Wenn wir uns noch einmal die Listen ansehen, die wir vor einigen Wochen, Monaten oder sogar Jahren aufgestellt haben, sehen wir erst richtig, wie oft und auf wie kreative Weise Gott unsere Gebete beantwortet hat. Es ist wie eine Geschichtsstunde, eine Oscar-Verleihung und eine Gedächtnisstütze in einem.

Wie viele Ihrer Gebete hat Gott in letzter Zeit erhört? Vielleicht viel mehr, als Sie in Erinnerung haben. Ganz egal, wie lang Ihre Liste ist, ganz egal, wie bedeutend oder banal Ihre Gebetsanliegen sind, Sie können sich freuen: Gott hört sie alle – und gibt Ihnen eine Antwort.

8. Prinzip:

Leerlaufzeiten nutzen

Tom nahm oft die kleinen Lücken im Alltag wahr, um mit Gott zu reden. Es gab Augenblicke, in denen er kaum etwas zu tun hatte – Leerlaufzeiten –, wenn er zum Beispiel eine Pause machte, Auto fuhr oder auf jemanden wartete. Am häufigsten kam so etwas vor, wenn er irgendwo in einer Schlange stand: auf dem Postamt, im Supermarkt oder in der Kantine seiner Firma. Dann konnte er scheinbar nichts anderes machen als anstehen und warten. In Wirklichkeit aber konnte er in dieser Zeit etwas wahrhaft Wichtiges tun: mit Gott reden. Im Wartezimmer des Arztes, im Verkehrsstau oder in der Schlange vor dem Fotokopierer entschied sich Tom dafür, lieber zu beten, als frustriert zu sein oder sich über die Verzögerung zu ärgern.

Als sich Tom in der Kantine hinsetzte, betete er für die Leute um ihn herum. „Herr, rühr die Menschen an, die dich noch nicht kennen. Den Mann da mit dem blonden Haar, die Frau mit dem Pferdeschwanz, den untersetzten Mann mit dem Schnurrbart ... ich weiß nicht, in welcher Abteilung sie arbeiten und was gerade in ihrem Leben passiert, aber bitte sprich sie auf die Art an, die sie gerade brauchen."

Als er vor der Essensausgabe anstand, fragte Tom Gott innerlich, ob er ihm vielleicht irgendetwas sagen wollte, und dann hörte er genau hin. Das strengte ihn nicht an. Tom empfand es als eine großartige Möglichkeit, aus diesen kleinen Augenblicken, die er anderenfalls mit Tagträumen, Nichtstun oder Ärger über die Wartezeit vergeudet hätte, das Beste zu machen.

Im späteren Verlauf des Nachmittags rief Tom einen wichtigen Kunden an und verbrachte einige Minuten in der Warteschleife – tote Zeit. Doch während er wartete, betete er für den Kunden, für seine Familie und sein Leben, ausgehend von dem, was er über ihn wusste.

Er betete oft für Kunden, während er in der Warteschleife am Telefon steckte, und wenn sie ihm von persönlichen Problemen erzählten, versprach er ihnen immer, dass er mit Gott darüber reden würde. Gewöhnlich rief dies eine von zwei Reaktionen hervor: eisiges Schweigen oder überschwänglichen Dank, manchmal gefolgt von einem spontanen Gespräch über den Glauben. Wenn jemand mit Schweigen reagierte, sagte Tom etwas wie: „Ich wollte Ihnen nicht zu nahe treten, aber ich glaube, dass Beten unglaubliche Kraft hat."

Häufig entgegnete man ihm dann: „Nein, ist schon okay. Ich habe nur noch nie gehört, dass jemand für mich beten will."

Einmal brach eine Kundin in Tränen aus, als Tom anbot, für ihren Sohn zu beten, der von zu Hause weggelaufen war. Bewegt versprach Tom: „Ich werde weiter dafür beten. Würden Sie mich bitte anrufen, wenn es etwas Neues gibt?"

Nachdem er mit der Frau noch am Telefon gebetet hatte, dankte sie ihm unter Tränen für seine Anteilnahme. Noch im Verlauf der Woche rief sie ihn an, um ihm zu sagen, dass man ihren Sohn heil und gesund gefunden hatte. Sie fügte hinzu: „Niemand außerhalb meiner eigenen Familie hat so viel Anteilnahme gezeigt wie Sie."

Auf dem Heimweg von der Arbeit blieb Tom im Berufsverkehr stecken und nahm seine Aufgabe als Zehn-Sekunden-Gebetskämpfer wieder auf. Er betete für die Menschen, die er von seinem Auto aus sehen konnte – den Mann mit dem Handy, die Dame mit dem Hund auf dem Beifahrersitz und die junge Frau mit der Brille. Es spielte für Tom keine Rolle, dass er weder ihre Namen noch ihre Probleme kannte. Das überließ er Gott. Er wusste aber, dass er vielleicht der Einzige war, der für diese Menschen betete.

Als er schließlich auf dem Heimweg beim Supermarkt anhielt, betete er für die anderen Kunden, während er seinen Einkaufswagen durch die Gänge schob. „Diese Frau da vor dem Regal mit Fertigsuppen – Herr, bitte segne sie." Manchmal musste er darüber lachen, wie er manche dieser Leute beschrieb. „Die Frau mit dem schreienden Kind – schenk ihr Geduld und die Fähigkeit, ihrem Kind mit Liebe und Konsequenz zu begegnen."

„Diesen Mann mit dem Bierbauch, der da drüben steht – bitte segne ihn so, wie du es für richtig hältst. Und bitte lass ihn nicht wegen seines Gewichts einen Herzinfarkt erleiden. Hilf ihm, wieder in Form zu kommen."

Tom gefiel der Gedanke, dass vielleicht ein Passant, dem er auf der Straße begegnete, eines Tages für ihn beten würde, wenn er es selbst nötig hatte. Und wer weiß, wie viele dieser Gebete für und von Fremden die Welt verändern könnten – zumindest für einen Menschen.

* * *

Vermeintlich „tote Zeit" eignet sich hervorragend zum Beten. Fordert uns Paulus in Epheser 5,15-16 nicht auf, die Zeit auszuschöpfen? Kann man diese Augenblicke zu einem besseren

Zweck nutzen, als für jemanden zu beten oder still auf Gott zu hören?

Denken Sie einmal an die vielen Gelegenheiten im Laufe eines Tages, bei denen Sie eigentlich „kopfmäßig“ nichts zu tun haben:

- wenn Sie irgendwo anstehen, zum Beispiel bei der Post oder Bank,
- im Wartezimmer eines Arztes oder beim Warten vor irgendeiner anderen Verabredung,
- beim Autofahren oder im Stau,
- wenn Sie im Restaurant darauf warten, bedient zu werden,
- wenn Sie nach dem Essen den Tisch abräumen,
- beim Mittagessen und anderen Mahlzeiten,
- beim Rasenmähen und anderen Gartenarbeiten,
- wenn Sie in den Nachthimmel blicken und nachdenken,
- beim Einschlafen,
- wenn Sie ein Bad oder eine Dusche nehmen,
- wenn Sie warten, dass der Computer hochfährt,
- wenn Sie Ihre Kinder beim Spielen beobachten,
- beim Spazierengehen.

All diese Momente bieten sich zum Dialog mit Gott an. Aber natürlich sollte das nicht in Zwang ausarten. Beten Sie, wenn Ihnen danach ist, für die Menschen und Situationen, die Sie um sich herum sehen. Ich habe schon für Hunde, Katzen und Hamster gebetet. Ich habe für unendlich viele Menschen gebetet, denen ich vermutlich nie mehr begegnen werde, solange ich auf dieser Erde lebe. Ich habe für Anliegen gebetet, von denen ich in meiner Gemeinde und anderswo gehört habe, und sie dann im nächsten Augenblick schon wieder vergessen.

Gott aber vergisst nicht.

Ich möchte Ihnen zwei Beispiele erzählen, wie ich in solchen Augenblicken, in denen ich nichts weiter zu tun hatte, gebetet habe, ohne einen zweiten Gedanken daran zu verschwenden – und ich dann mitbekommen durfte, wie Gott diese Gebete beantwortete.

Im Lauf der Jahre hat sich in unserem Haus eine Menge Gerümpel angesammelt. Wir mussten unbedingt einmal gründlich aufräumen. Meine Frau und ich arbeiten beide freiberuflich und haben einfach nicht die Zeit, alles in Ordnung zu halten. Während mehrerer Gebetszeiten in meinen „Leerlauf-Phasen" hatte ich den Eindruck, dass Gott mir zuflüsterte, ich solle in dieser Angelegenheit etwas unternehmen. Ich sprach mit ihm darüber, und während ich noch betete, schoss mir die Idee durch den Kopf, meine Frau zum Muttertag mit einem völlig aufgeräumten Haus zu überraschen.

Etwa um diese Zeit wollten wir zu einer Konferenz in Colorado, und deshalb beauftragte ich jemanden für die Zeit unserer Abwesenheit mit dem Hausputz – meiner Meinung nach ein wunderbarer Plan. Die Frau, die ich fragte, war eine gute Freundin von Jeanette und hatte schon seit langem den Wunsch, etwas Besonderes für sie zu tun, und daher freute sie sich sehr, helfen zu können.

Als ich unseren Haustürschlüssel bei ihr abgab, erklärte ich ihr einen Punkt von entscheidender Bedeutung: Unsere Tür war mit zwei Schlössern verriegelt. Das untere war kaputt. Man konnte es nur von außen verriegeln, aber nicht von innen öffnen. Wenn es also verriegelt wurde, während wir uns im Haus befanden, konnten wir die Tür nur öffnen, wenn jemand außen herum zur Haustür ging und aufschloss. Ich erklärte ihr ganz deutlich, dass nur das obere Schloss funktionierte. Mir kam es nicht einmal in den Sinn, ihr den Schlüssel für das untere Schloss zu geben, weil es wie gesagt wenig Sinn machte, es zu benutzen.

Nachdem ich den Schlüssel abgegeben hatte, nutzte ich die Heimfahrt zum Beten. Ich brachte einige Anliegen vor Gott, die mit unserer bevorstehenden Reise zu tun hatten, und dann sagte ich: „Herr, bitte gib, dass mit dem Hausputz alles glatt geht. Hilf, dass alles ohne Störungen verläuft." Weil ich glaubte, dass ich damit alle aktuellen Anliegen abgedeckt hatte, dachte ich im Anschluss nicht weiter darüber nach.

Am Abreisetag kam meine 16-jährige Tochter Alisha als letztes aus dem Haus und schloss ab. Während ich in unserem Wagen wartete, dass endlich alle fertig waren und einstiegen, schickte ich ein typisches Reisegebet zum Himmel: dass Gott uns eine gute Fahrt schenken, uns auf der Reise bewahren und der Wagen keine Panne haben würde, dass er unser Haus während unserer Abwesenheit beschützen würde – und, ach ja, dass Gott Jeanettes Freundin helfen würde, den Hausputz gut zu erledigen und dass Jeanette nach unserer Rückkehr wirklich freudig überrascht sein würde.

Alisha stieg ins Auto ein. Ich ließ den Motor an und wollte gerade die Einfahrt hinunterfahren, als Jeanette fragte: „Gardner, hast du das Ladegerät für deinen Gameboy eingepackt?" Gardner spielt immer mit diesem Ding, und wenn er es nicht benutzen könnte, würde ihm das die ganzen Ferien verderben.

„Nein, das brauche ich nicht", meinte Gardner. „Er ist aufgeladen."

„Wir sind sechs Tage weg. So lange hält der Akku nicht. Du gehst besser noch mal rein und holst es dir."

Ich fand es schon ziemlich wunderbar, dass Jeanette daran gedacht hatte. Aber ich hatte keine Ahnung, dass damit die

Bitte erfüllt wurde, die ich nur einige Augenblicke vorher an Gott gerichtet hatte.

Gardner folgte mir zur Haustür. Als ich aufzuschließen versuchte, entdeckte ich, dass Alisha beide Schlösser verriegelt hatte. Wenn wir nicht zurückgekommen wären, um das Ladegerät zu holen, hätte ich das untere Schloss nicht entriegeln können, und unsere Bekannte wäre nicht in der Lage gewesen, ins Haus zu kommen und sauber zu machen. Meine Überraschung wäre nicht gelungen, und all meine guten Absichten, Pläne und Bemühungen wären vergebens gewesen.

Als ich das Haus betrat, atmete ich erleichtert auf. „Danke, Gott. Wie immer hast du an alles gedacht und vorgesorgt."

Es begeisterte mich, als ich begriff, dass Gott sich nicht nur um mich und meine Familie kümmerte, sondern auch um Dinge wie Ladegeräte, Schlösser, Überraschungen und Hausputz.

Ist das eine ungewöhnliche Erfahrung? Nein. Ich glaube, dass Gott alles in meinem Leben sieht. Auf derselben Reise tat er noch einmal etwas in dieser Richtung.

In der Woche, als wir in Colorado waren, wollte Jeanette mit dem Wagen wegfahren, doch er sprang nicht an. Sie kam wieder in unser Hotelzimmer und bat mich, einen Blick darauf zu werfen.

Ich ging nach draußen und betätigte den Zündschlüssel. Der Anlasser drehte sich, doch der Motor sprang nicht an. Ich öffnete die Motorhaube, guckte hinein und versuchte den Eindruck zu erwecken, dass ich wusste, was ich tat. Ich konnte keinen Fehler entdecken – als ob mir so etwas aufgefallen wäre! –, und so ließ ich den Wagen erst einmal eine Stunde stehen.

Als ich den Motor dann noch einmal anließ, startete er sofort. Beim Aussteigen betete ich: „Bitte, Herr, hilf, dass wir nicht noch einmal solche Probleme bekommen, schon gar nicht auf der Heimfahrt." Der Wagen ließ sich danach jedes Mal problemlos starten, und ich dachte nicht mehr an mein Gebet.

Nachdem wir am folgenden Sonntag wieder zu Hause angekommen waren, nutzte ich den Wagen in den nächsten Tagen für einige Fahrten im Stadtverkehr. Am Mittwochnachmittag dann sprang er wieder nicht an. Ich drehte den Zündschlüssel immer wieder, doch nur der Anlasser drehte sich. Der Motor sprang nicht an – genau so, wie es in Colorado gewesen war.

Ich wartete einige Stunden und versuchte es dann noch einmal. Wieder nichts.

Ich ließ den Wagen in die Werkstatt abschleppen, wo mein Mechaniker ihn unter die Lupe nahm und mich dann fragte: „Hat Ihre Tankanzeige in letzter Zeit gut funktioniert?"

„Nein", gestand ich. „Eigentlich geht sie sogar gar nicht. Ich stelle beim Tanken immer den Tageskilometerzähler auf Null und rechne dann aus, wie lange ich mit einer Füllung fahren kann. Ich wollte sie nicht reparieren lassen, weil ich mir gedacht habe, dass das eine Menge kostet."

„Dann haben wir den Fehler", sagte er. „Ihre Benzinpumpe versagt allmählich den Dienst. Sie gibt auch das Signal an die Tankanzeige weiter. Wie lange ist das denn schon so?"

„Über ein Jahr."

„Oh", meinte er. „So lange macht es Ihre Benzinpumpe schon nicht mehr richtig. Sie haben Glück, dass Sie hier in der Stadt sind. Sie hätten sich ja sonst wo befinden können, als sie endgültig kaputtging."

Ich erteilte ihm den Auftrag, das Auto zu reparieren, und dann dachte ich an mein Gebet. Die Benzinpumpe hätte überall ihren Dienst versagen können. Auf der langen Autofahrt wäre das wirklich schlecht gewesen, denn die Konferenz war an einem Sonntag zu Ende gegangen. Wir hätten irgendwo am Straßenrand liegen bleiben können und bis Montag warten müssen, um das Auto reparieren zu lassen, möglicherweise zu einem sehr viel höheren Preis. Doch Gott ließ uns die Hilfe zuteil werden, die wir brauchten, brachte uns sicher nach Hause und ließ die Benzinpumpe funktionieren, bis der Zeitpunkt besser passte.

Damit will ich nicht sagen, dass Christen niemals fern der Heimat Probleme mit ihrem Auto haben. Natürlich ist das der Fall, und mir selbst ist das auch schon passiert. Aber ich glaube, dass Gott dieses kurze Stoßgebet hörte, obwohl ich es schon längst wieder vergessen hatte.

Also: „Leerlauf-Zeiten" eignen sich hervorragend zum Beten. Warum? Weil Gott oft gerade dann, wenn wir einfach herumsitzen und Löcher in die Luft starren, unsere Gedanken auf wichtige Fragen lenkt. Nutzen Sie also Pausen sinnvoll. Hören Sie auf Gott. Antworten Sie. Und erleben Sie, wie Ihre Gebete Auswirkungen auf die alltäglichen Probleme um Sie herum haben.

9. Prinzip:

Das Leben auf sich zukommen lassen

Es war gut, dass Tom an diesem Morgen in der „Leerlaufphase" auf dem Weg zur Arbeit gebetet hatte. Als er sein Büro betrat, schien alles auf einmal auf ihn einzustürmen. Sam zog ihn zur Seite und teilte ihm mit, er habe aus einer zuverlässigen Quelle gehört, dass auf jeden Fall Arbeitsplätze abgebaut werden würden, und zwar ziemlich bald. Sam war sicher, dass es ihre Abteilung als erstes treffen würde. Tom merkte, dass sein Kollege ziemlich aufgebracht war, und daher betete er still, während Sam noch redete: *Herr, schenk uns Frieden und Weisheit, damit wir mit dieser Situation in deinem Sinne umgehen können. Und hilf allen, die ihre Stellung verlieren, dass sie bald wieder Arbeit finden.*

Kaum hatte er seinen Computer hochgefahren und das verarbeitet, was Sam ihm erzählt hatte, erhielt er einen Anruf von einem wütenden Kunden, der schon immer schwierig gewesen war. Tom wusste, was kommen würde. Als der Mann nun aufgebracht ins Telefon brüllte, wie schlecht der Service bei Toms Firma sei, und seine Tirade mit Beleidigungen und Flüchen würzte, die weit über das gewohnte Maß hinausgingen, spürte Tom Ärger in sich hochsteigen. *Gott, hilf mir, dass mein Temperament nicht mit mir durchgeht und ich ihm freundlich antworten kann, obwohl er mich verbal angreift,* betete er.

Tom merkte, dass er mit dem Kunden so diplomatisch und selbstsicher sprechen konnte, wie es ihm normalerweise nicht möglich gewesen wäre. Er spürte, wie der Mann am anderen Ende der Leitung wieder herunterkam, bis er schließlich nahezu höflich wirkte – sogar dankbar. Das Gesprächsklima hatte sich innerhalb von Minuten unglaublich verbessert. Tom versprach, das Material, das der Kunde brauchte, sofort loszuschicken, und betete im Anschluss an das Telefonat für den Mann und für die Probleme, die ihm vermutlich zu schaffen machten. Außerdem dankte er Gott für seine Hilfe.

Als ihn seine Frau im Lauf des Vormittags anrief, um ihm zu sagen, dass sie sich den Knöchel verstaucht hatte und zum Arzt musste, betete Tom direkt am Telefon: „Herr, ich bitte dich, dass der Knöchel wirklich nur verstaucht ist und Carla sich schnell wieder erholt." Er bot ihr an, sich freizunehmen und sie zum Arzt zu begleiten, doch sie lehnte ab. „Nein, nein, es geht schon", versicherte sie ihm. „Ich kann zum Auto laufen und selbst fahren. Ich wollte es dir nur sagen, weil ich wusste, dass du dafür beten würdest."

Tom freute sich, dass seine Frau das sagte. Es war auch wirklich so, dass er alles über sie wissen wollte und auch im Hinblick auf sie und ihr Wohlergehen ständig mit Gott im Gespräch war.

Carla rief ihn später noch einmal an, um ihm zu berichten, was der Arzt gesagt hatte. „Der Knöchel ist wirklich nur verstaucht", teilte sie ihm mit. „In einer Woche sollte alles wieder in Ordnung sein."

„Das freut mich, Schatz. Danke, dass du mir Bescheid gesagt hast." *Und danke dir, Gott,* fügte Tom in Gedanken hinzu.

Am Nachmittag rief Carla noch einmal an, dieses Mal, um ihn zu bitten, mit ihrem Sohn Brad zu reden. Er hatte mit einem

Nachbarsjungen gespielt, und plötzlich waren die beiden aufeinander losgegangen. Sie hatte seine blauen Flecken verarztet und seine Tränen getrocknet, doch sie hoffte, Tom könnte dem zornigen und verletzten Brad ein wenig väterliche Weisheit vermitteln und Mut zusprechen.

„Was ist denn los gewesen?“, fragte Tom seinen Sohn ehrlich interessiert.

„Wir haben ganz normal gespielt“, sagte Brad vorsichtig. „Und dann ist Tony plötzlich voll sauer geworden und hat mit dem Ball richtig hart gezielt und mich am Schienbein getroffen. Es tut total weh, Papa.“

Herr, schenk mir die richtigen Worte, die Brad jetzt wirklich weiterhelfen, betete Tom in Gedanken. Laut sagte er: „Wir sollten für Tony beten.“

„Warum denn das?“ Brad klang nicht sehr begeistert.

„Es klingt so, als bräuchte er Gottes Hilfe, damit er sein Temperament besser zügeln kann.“ Tom betete: „Vater, hilf Tony dabei, dass er lernt, sich zu beherrschen, wenn nicht alles nach seinem Willen geht. Und bitte hilf Brad, ihm zu vergeben und ein gutes Vorbild zu sein.“

„Keine Chance“, sagte Brad. „Dem verzeih ich nicht, Papa.“

„Warum nicht?“

„Er verdient es nicht – er hat mich ja absichtlich getroffen. Und es tut ihm kein bisschen leid.“

„Brad, was hat Gott dir schon alles vergeben?“, fragte Tom.

Brad zögerte, dann räumte er leise ein: „Alles.“

„Und wie oft war das wohl?“

Brad seufzte. „Tausendmal bestimmt.“

„Findest du nicht, dass du Tony diese eine Sünde vergeben kannst, ohne dass du dir einen Zacken aus der Krone brichst?“

Brad schwieg eine Zeitlang. „Ich schätze schon."

„Gut. Dann gehst du jetzt zu ihm und sagst ihm, dass du ihm verzeihst."

„Was?"

„Geh zu ihm rüber und sag's ihm."

„Dann lacht er mich bestimmt aus oder wird noch saurer!"

„Du bist nicht verantwortlich dafür, wie er reagiert, wenn du ihm etwas sagst, Brad. Du bist nur für das verantwortlich, was du selbst tust."

„Gut, dann gehe ich jetzt mal rüber."

Gegen 16:00 Uhr wurde Tom ins Büro seiner Chefin gerufen. Sein Herz schlug ein wenig schneller als gewöhnlich. Er hatte das ungute Gefühl, dass ihn keine guten Neuigkeiten erwarteten. „Herr, hilf mir, ruhig zu bleiben", betete er schnell.

Der Gesichtsausdruck seiner Chefin bestätigte Toms Befürchtungen. „Es tut mir wirklich leid", sagte Gina, und man sah ihr an, dass sie es ernst meinte. „Die Bilanz unserer Firma sieht nicht gut aus. Das wissen Sie. Die Geschäftsleitung hat angeordnet, dass wir drastische Einsparungen vornehmen müssen. Sie leisten sehr gute Arbeit, und ich habe versucht, Sie in eine andere Abteilung versetzen zu lassen, aber leider vergebens." Sie atmete tief durch. „Sie sind fristlos entlassen."

Tom streckte ihr seine Hand hin. „Puh – das ist hart. Aber danke für das Kompliment, Gina. Ich kann also darauf zählen, dass Sie mir ein gutes Zeugnis schreiben?"

„Das ist ja wohl das Mindeste!"

„Danke, dass Sie für mich gekämpft haben. Nicht viele Vorgesetzte hätten das getan." Er schüttelte Gina die Hand und ging dann in sein Büro zurück.

Das war es also! Tom war erstaunt, wie ruhig und gelassen er war. Er wusste, dass es dafür nur eine Erklärung gab: Gott. Mit

Gottes Hilfe konnte er alles bewältigen, was an einem Tag auf ihn einstürmte.

Sogar an einem Tag wie diesem.

* * *

Das Leben konfrontiert uns immer wieder mit Herausforderungen und Situationen, für die wir nur unzureichend gerüstet sind. Die gute Nachricht allerdings lautet, dass Gott alles im Griff hat, was das Leben auf uns einstürmen lässt. Wir müssen uns nur im Gebet an ihn wenden. Das kann (und sollte) für uns so natürlich wie das Atmen sein. Genauso wie wir nicht erst daran denken müssen aufzuschreien, wenn uns etwas körperliche Schmerzen bereitet, so kann das Gebet zu unserer instinktiven Reaktion werden, wenn uns etwas emotional oder geistlich überwältigt. Das ist einer der besten Aspekte am Zehn-Sekunden-Gebet: Es bewahrt uns nicht vor den Problemen, die auf uns einstürmen, aber es tröstet uns, wenn wir unserem himmlischen Vater, der stärker und weiser ist als wir, davon erzählen können.

Vor einiger Zeit haben wir einen Hund bei uns aufgenommen, mit dem Angela, ein Mitglied unserer Gemeinde, nicht mehr fertig wurde. Zoe-Girl, benannt nach der christlichen Band ZOEgirl, war außerordentlich wild und unerzogen. Angela war nicht mehr in der Lage gewesen, Zoe-Girl (den Hund, nicht die Band) davon abzuhalten, Leute anzuspringen – und das war ein Problem, weil der schwarze Labrador fast 40 Kilo wog. Als ich Zoe-Girl von der Tierklinik abholte, wo sie einige Tage im Zwinger verbracht hatte, meinte ein Kind im Wartezimmer: „Oh, Mama, guck dir mal diesen Riesenhund an!"

Zoe-Girl *ist* ein Riesenhund. Wenn sie in freudiger Absicht einen Menschen anspringt, kann das Ergebnis gefährlich ausfallen, vor allen Dingen, wenn es sich dabei um ein kleines Kind handelt oder jemanden, der nicht ganz sicher auf seinen Füßen steht. Es war unbedingt geboten, ihr diese Angewohnheit auszutreiben.

Ich begann dafür zu beten, da ich nicht genau wusste, was ich unternehmen sollte. Jeanette fand eine Hundeschule am Ort, die Gratisstunden zur Erziehung allzu überschwänglicher Hunde anbot. Mein Sohn, meine Tochter und ich nahmen mit Zoe-Girl daran teil. Der Hundetrainer wies uns an, Zoe nur dann Aufmerksamkeit zu schenken oder ihr Leckerlis zu geben, wenn sie ruhig war und auf Kommandos hörte.

Im Laufe der nächsten Wochen fütterten wir Zoe aus der Hand – aber nur, wenn sie sich gut benahm und ruhig dasaß. Wenn sie gestreichelt werden wollte, taten wir das erst, wenn sie sich hingesetzt hatte. Wenn sie uns ansprang, drehten wir uns weg und befahlen ihr, sich hinzusetzen. Wir schenkten ihr erst wieder Aufmerksamkeit, wenn sie uns gehorchte.

Außerdem betete ich weiterhin für sie, und bald benahm sich Zoe sehr viel besser. Wenn sie uns an der Tür begrüßte, wenn wir heimkamen, setzte sie sich schon automatisch hin. Es liegt noch einige Arbeit vor uns, aber sie macht immer bessere Fortschritte. Ich frage mich oft, wie sie sich benehmen würde, wenn wir nicht für die Sache gebetet hätten.

Der springende Punkt dieser Geschichte ist nicht der, dass wir uns an Gott wenden sollten, wenn wir unserem Hund Manieren beibringen wollen. Es geht darum, dass wir uns an Gott wenden sollen, egal mit welcher Situation wir auch konfrontiert werden. Er ist für uns da. Er will uns auf unserem Lebensweg begleiten und uns helfen, mit allem fertig zu werden, was heute auf uns wartet – und an jedem anderen Tag. Das Leben ist voll von Zoes, die außer Rand und Band sind, uns anspringen, wenn wir es am wenigsten erwarten, und uns aus dem Gleichgewicht bringen wollen. Keiner von uns kann sich den kratzenden Pfoten und dem Sabber entziehen, den das Leben mit sich bringt. Wir stehen lediglich vor der Wahl, ob wir den Herausforderungen allein begegnen wollen oder mit der Hilfe unseres himmlischen Vaters, der uns liebt.

Natürlich kann man einem Hund auch ohne göttlichen Beistand abgewöhnen, Leute anzuspringen, aber ich persönlich tue alles lieber mit Gottes Hilfe als ohne. Wenn ich Gott bitte, mir dabei zu helfen, meine Probleme zu meistern, dann verändert er manches – die Situation, meine Einstellung, mich selbst. Er lehrt mich etwas, und sei es nur Geduld.

Wenn wir alles mit ihm besprechen, was uns das Leben in den Weg stellt, heben wir damit den Alltag von einer weltlichen auf eine geistliche Ebene. Und dort lässt es sich viel besser laufen. Ich möchte den Ausblick jedem Menschen wärmstens empfehlen, der wirkliche Abenteuer sucht und nicht nur einen Fuß vor den anderen setzt, um den Tag zu überstehen.

10. Prinzip:

Bitten, Anklopfen, Suchen

Als Tom nach Hause fuhr, den Rücksitz mit seinen persönlichen Gegenständen aus Büro und Schreibtisch bepackt, hatte er mit Entmutigung und Furcht zu kämpfen. Ein Bibelvers, Jesaja 41,10, kam ihm in den Sinn: „Fürchte dich nicht, ich stehe dir bei! Hab keine Angst, ich bin dein Gott! Ich mache dich stark, ich helfe dir, ich schütze dich mit meiner siegreichen Hand!"

Die Wahrheit dieses Bibelwortes machte Tom gelassen und ruhig, und er betete laut: „Herr, ich weiß, dass du schon etwas für mich vorbereitet hast, vielleicht sogar etwas Besseres. Hilf mir, es zu finden. Gib mir die richtigen Gedanken, in welcher Richtung ich suchen soll."

Ihm wurde auch klar, dass er ja schon lange das Gefühl gehabt hatte, dass sich in Bezug auf seine berufliche Situation etwas ändern musste. Vielleicht war ihm jetzt nur einfach eine Entscheidung abgenommen worden, die ohnehin fällig gewesen wäre. Dieser Gedanke tröstete ihn zusätzlich.

An diesem Abend hatte Tom den Eindruck, der Geist Gottes fordere ihn auf: „Ruf Jesse an. Er könnte dir vielleicht helfen."

Als Tom seinen Freund anrief, hatte der sofort einen Vorschlag parat. „Ich habe gehört, dass sie drüben bei Springfield eine Stelle als Mitarbeiter im Kundendienst offen haben. Da könntest du es doch mal probieren."

Warum hatte Gott Tom den Gedanken eingegeben, bei J nachzufragen? Weil Jesse etwas wusste, das Tom nicht wusst und ihn so in die richtige Richtung wies?

Am nächsten Tag fuhr Tom bei der Firma vorbei, nahm sich ein Bewerbungsformular und füllte es aus. Ein Mitarbeiter der Personalabteilung versicherte ihm, dass sie seine Bewerbung ernsthaft in Betracht ziehen würden.

Einige Tage später wurde Tom zu einem Bewerbungsgespräch eingeladen. Er bereitete sich gut vor und versuchte, so viel wie möglich über die Firma herauszufinden – ihre Produkte, Ziele und Philosophie. Er legte alle seine Hoffnungen und Befürchtungen vor Gott und ging am Tag vor dem Gespräch früh zu Bett.

Er war froh, dass er sich so gründlich vorbereitet hatte. Das Bewerbungsgespräch lief gut, und er hatte das Gefühl, einen guten Eindruck auf den Personalchef gemacht zu haben. In der folgenden Woche erfuhr er allerdings, dass die Firma jemand anderen eingestellt hatte. Tom war ziemlich enttäuscht. Warum war aus dieser Sache nichts geworden? Andererseits konnte man wohl auch nicht erwarten, dass sich so schnell eine Lösung fand. Doch was nun? Der Heilige Geist forderte ihn wieder auf: „Klopft an und es wird euch geöffnet."

Tom hatte Matthäus 7,7-8 schon als junger Christ auswendig gelernt, und dieser Vers war zum Fundament seines Lebens geworden. „Bittet, und ihr werdet bekommen!", sagte Jesus in der Bergpredigt. „Sucht, und ihr werdet finden! Klopft an, und es wird euch geöffnet! Denn wer bittet, der bekommt; wer sucht, der findet; und wer anklopft, dem wird geöffnet."

Tom begriff, dass dieses Prinzip drei verschiedene Aspekte aufwies: Manchmal musste er Gott nur um eine Sache *bitten*, und Gott antwortete schnell und umfassend. Manchmal jedoch reichte das nicht aus. Gott wollte, dass er neben dem Beten auch etwas *tat*, und darum musste Tom *suchen*. In solchen Fällen war es notwendig, sich auf den Weg zu machen und die Situation in Augenschein zu nehmen, mit Menschen darüber zu reden und herauszufinden, was er selbst zu einer Gebetserhörung beitragen konnte. Hin und wieder war sogar noch mehr vonnöten. Manchmal musste er an verschiedene Türen *anklopfen*, um das zu bekommen, was er brauchte.

Tom entschloss sich, es einmal mit dem Anklopfen zu versuchen. „Herr, bitte segne meine Bemühungen", betete er.

Er begann, sich in der ganzen Stadt nach einer Stelle umzusehen, und bald wurde er zu mehreren Bewerbungsgesprächen eingeladen. Nach kurzer Zeit bot man ihm dann tatsächlich eine Stelle an. Der Job lag im Managementbereich und hatte nicht viel mit Kundendienst zu tun, mit dem er in letzter Zeit negative Erfahrungen gemacht hatte. In seiner neuen Position würde er ein Serviceteam in einem großen Einzelhandelsgeschäft leiten. Das kam nicht nur seinen Neigungen und Interessen entgegen, sondern das Anfangsgehalt war bereits so gut wie das bei seiner alten Stelle – und die Chancen auf Beförderung und Gehaltserhöhung standen sogar noch besser!

Wie es aussah, war Toms Konzept aufgegangen.

* * *

Wie können Sie das Prinzip, zu bitten, zu suchen und anzuklopfen in Ihrem Leben umsetzen?

Als Jesus uns sagte: „Bittet, und ihr werdet bekommen!", meinte er damit sicher nicht, dass wir einfach um alles bitten können, was wir uns gerade wünschen. Gott ist kein Geldautomat und auch kein Los mit Sofortgewinngarantie.

Als ich gerade Christ geworden war, glaubte ich, Gott hätte mich dazu berufen, den Menschen durch dick aufgetragene Gedichte von Jesus zu erzählen. Aber ich brauchte Geld, um mit dieser Aufgabe beginnen zu können. Eines Tages ging ich an einem Laden vorbei und bemerkte eine Anzeige, die für Lotterielose warb. Ich hatte noch nie in meinem Leben Lotto gespielt, doch dieses Mal kam es mir plötzlich wie eine gute Idee vor. Konnte Gott da nicht etwas tun? Gehörte ihm nicht alles Vieh auf Tausenden von Hügeln? Lenkte er nicht das Herz des Herrschers (Sprüche 21,1)? Warum sollte er nicht auch die Lottozahlen beeinflussen? Ich füllte also einen Lottoschein aus, betete und hatte großen Glauben.

Als ich am nächsten Morgen aufwachte, glaubte ich wirklich fest daran, dass ich den Jackpot geknackt hätte. Doch als ich die Lottozahlen in der Zeitung las, erfuhr ich nicht nur, dass ich nicht gewonnen hatte, sondern so falsch lag wie nur möglich. Ich hatte keine einzige Zahl richtig getippt!

Seitdem habe ich nie wieder Lotto gespielt. Doch etwas habe ich an jenem Tag gelernt: Wir können nicht einfach um alles Mögliche bitten. Wir dürfen nicht davon ausgehen, dass Gott unser Gebet erhört, weil das Anliegen unserer Meinung nach gut und richtig ist oder sogar Gottes Willen entspricht. Und wir dürfen uns nicht anmaßen, Gott vorzuschreiben, wie er unsere Gebete zu erhören hätte. Wir sind einfach nicht so klug und weise wie er und sehen immer nur unser beschränktes Blickfeld.

Welcher entscheidende Punkt war mir entgangen? Die Bibel spricht davon, dass wir um das bitten sollen, was Gottes Willen entspricht (1 Johannes 5,14). Wir können bitten, doch Gott muss es ebenfalls wollen, damit er uns mit dem ersehnten Ja antwortet. Und wie können wir Gottes Willen erfahren? Was viele ganz alltägliche Dinge angeht, ist das vielleicht überhaupt nicht möglich. Doch eine todsichere Möglichkeit gibt es: mit der Bibel zu beten. Wenn wir so beten, wie es Gottes Wort entspricht, beten wir nach Gottes Willen – das geht gar nicht anders.

Wenn ich einen Bibelabschnitt in ein Gebet verwandle, erlebe ich Gebetserhörungen.

Vor einigen Jahren hatte ich mit meinem Wagen einen Totalschaden. Glücklicherweise wurde niemand verletzt, aber mein Auto konnte ich höchstens noch als überdimensionalen Briefbeschwerer gebrauchen. Es war meine Schuld, doch eine Kaskoversicherung hilft auch in solchen Situationen. Ich wusste, dass mir meine Versicherungsgesellschaft etwas schuldete.

Ich überprüfte den Listenwert meines Wagens, und es sah danach aus, als könnte ich höchstens 4.000 Dollar erwarten. Ich würde aber mehr brauchen, um mir ein vernünftiges neues Auto leisten zu können, und so warf ich einen Blick in die Bibel und las: „Gott, dem ich diene, wird euch alles geben, was ihr braucht, so gewiss er euch durch Jesus Christus am Reichtum seiner Herrlichkeit teilhaben lässt" (Philipper 4,19). Ich fand, dass sich das gut anhörte, allerdings ging ich nicht davon aus, dass es unbedingt bedeutete, dass Gott mir mehr Geld schenken wollte. Mein Gebet lautete daher: „Herr, bitte löse dieses Problem."

Die Versicherungsgesellschaft und Gott erhörten mich. Sie gaben mir mehr als 5.000 Dollar. Ich war froh und dankbar – und ehrlich gesagt auch überrascht. Gott hatte eingegriffen!

Zugegeben, Gott erhört Gebete nicht immer so, wie er es unserer Meinung nach tun sollte – selbst wenn wir dabei die Bibel in der Hand haben. Sein Wille bezüglich einer bestimmten Frage mag anders aussehen, als wir es uns vorstellen, und trotzdem mit seinem Wort übereinstimmen. Zum Beispiel hätte Gott mich vielleicht lehren wollen, mit weniger Geld auszukommen. Möglicherweise wäre das ja genau das gewesen, was ich nach Philipper 4,19 brauchte. Oder vielleicht wollte er auch, dass ich mir ein anderes Auto aussuchte, das nicht so viel kostete.

Ich habe häufig über der aufgeschlagenen Bibel gebetet, und Gott hat meine Gebete anders beantwortet, als ich es erwartet hatte. Wenn Sie das auch tun, vergessen Sie nicht, dass Gott immer noch Gott ist. Wie C. S. Lewis in jedem Band seiner *Narnia*-Geschichten schreibt: „Er ist kein zahmer Löwe", oder: „Er ist nicht sicher, aber gut." Wir können ihn nicht nach unserer Pfeife tanzen lassen. Doch wenn sein Wille das entscheidende Kriterium ist, wird Ihnen die Bibel deutlich zeigen, wie dieser Wille aussieht, selbst wenn seine Antwort nicht in allen Einzelheiten Ihren vorgefertigten Erwartungen entspricht.

Lassen Sie uns nun gemeinsam einen Blick auf den zweiten Teil des „Bitten-Suchen-Anklopfen"-Prinzips werfen: das Suchen. Manchmal erwartet Gott von uns noch ein wenig mehr, bevor er unser Gebet erhört: Wir müssen selbst die Initiative ergreifen.

Wenn wir Gott bitten, uns eine gute körperliche Verfassung zu schenken, müssen wir die Antwort darin suchen, dass wir anfangen, ins Fitnessstudio zu gehen oder eine Sportart zu betreiben. Wir können nicht einfach beten und erwarten, dass Gott den Schwimmring um unsere Hüften auf magische Weise verschwinden lässt.

Nachdem ich eine schwierige Scheidung durchgemacht hatte, war ich einige Jahre lang alleinerziehender Vater. Das Sorgerecht für unsere beiden kleinen Töchter war mir übertragen worden. An einem Wochenende, als Nicole 10 und Alisha 5 war, fuhren wir nach New Jersey, um meinen Bruder und seine Familie in ihrem Haus am See zu besuchen. Seine beiden Mädchen sind ungefähr so alt wie meine, und die vier verbrachten ein wunderbares Wochenende, an dem sie zusammen spielten und im Wasser planschten.

Wir wollten eigentlich von Freitag bis Dienstag dort bleiben. Weil zu Hause sehr viel Arbeit auf mich wartete, musste ich mich dann wieder auf den Heimweg machen. Als der Dienstag gekommen war, forderte ich Nicole und Alisha auf, sich fertig zu machen, damit wir losfahren könnten, doch sie wollten noch bleiben. Als ich sie ermahnte, sich mit dem Packen ein wenig zu beeilen, damit wir uns endlich auf den Weg machen konnten, zogen mich die vier Kinder in ein hinten im Haus gelegenes Zimmer. „Papa“, bettelten meine Töchter, „können wir nicht noch bis Freitag bleiben?“

Ich erklärte ihnen, dass ich daran nichts ändern könnte, doch die Bestimmtheit, mit der sie ihrem sehnlichen Wunsch Ausdruck gaben, war zu viel für mich. Ich wollte sie wirklich nicht enttäuschen, wenn sie sich das so sehr wünschten, und deshalb betete ich: „Gott, bitte tu etwas, damit sie noch ein bisschen bleiben können.“

Gemeinsam gingen wir zu Diane, der Frau meines Bruders. Die Mädchen trugen ihr Anliegen vor. Sie gelobten feierlich unbedingten Gehorsam für die gesamte Zeit, wenn man ihrer Bitte nur nachkam. Ich betete, während Diane darüber nachdachte. Sie sah sich den Kalender genau an. „Sieh mal, am übernächsten Wochenende wollen wir meine Mutter besuchen. Die Kinder können doch noch die anderthalb Wochen hierbleiben, und dann nehmen wir sie einfach mit und liefern sie bei dir ab.“

Die Mädchen kreischten vor Freude. In stiller Bewunderung

zwinkerte ich meinem Herrn und Meister zu, und alles war bestens.

Das ist kein perfektes Beispiel, aber es macht das Prinzip deutlich: Manchmal reicht es nicht zu bitten; wir müssen suchen. Wir können nicht einfach darauf warten, dass Gott eine Antwort vom Himmel fallen lässt. Wenn wir uns Heilung wünschen, müssen wir einen kompetenten Arzt aufsuchen. Wenn wir uns eine Gehaltserhöhung wünschen, müssen wir den Chef aufsuchen und mit ihm reden.

Wie wir jedoch an Toms Beispiel gesehen haben, besitzt dieses Prinzip noch einen dritten Aspekt: Anklopfen. „Klopft an, und es wird euch geöffnet."

Bitten ist nicht genug. Suchen ist nicht genug. Manchmal müssen wir zu stärkeren Mitteln greifen. Wir müssen anklopfen ... und zwar laut!

Einige Zeit lang betete ich für einen jungen Mann in der Jugendgruppe meiner Gemeinde. Er war klug, gutaussehend und ein rundherum netter Junge. Doch er war sehr skeptisch, was Gott betraf. Jeden Tag betete ich, dass Gott ihm begegnete, doch nichts geschah.

Eines Tages aß ich mit seiner Familie zu Abend. Danach redeten wir miteinander. Ich fragte ihn unverblümt nach seiner Beziehung zu Gott. Er sagte mir, er sei einfach nicht sicher. In den nächsten Wochen bemühte ich mich ganz besonders darum, ihn noch besser kennenzulernen. Ich klopfte sozusagen an seine geistliche Tür. Ich ließ mich wirklich auf ihn ein, redete mit ihm, besuchte ihn und saß unter den Zuhörern, als er an einer Schuldebatte teilnahm, denn so etwas liebte er ganz besonders. Es war ihm wichtig, und deshalb machte ich es für mich ebenfalls zur Chefsache.

An einem Sonntag kam er lächelnd auf mich zu und erzählte

mir, dass er jetzt den entscheidenden Schritt auf Gott zu gewagt hatte. Ich fragte ihn, was ihn zu dieser Entscheidung bewogen hätte. Er antwortete: „Du! Mich hat noch nie jemand zu Hause besucht und so mit mir geredet."

Ein anderes Gebet, das für das Anklopfen steht, ist eins, das ich als christlicher Autor ständig vor Gott bringe. Es ist mir leider noch nie passiert, dass mich die Verlage anrufen und fragen: „Woran arbeiten Sie gerade? Was immer es auch ist, wir würden es gern veröffentlichen."

Das passiert vielleicht Leuten wie Max Lucado oder John Grisham. Aber Leute wie ich müssen andauernd beten, suchen und anklopfen, um ein Buch zu veröffentlichen.

Dieses Buch ist ein gutes Beispiel dafür. Die Idee dazu hatte ich vor einigen Jahren, und meiner Meinung nach war es ein wirklich praktikables und leicht verständliches Prinzip. Für mich war es so etwas Ähnliches wie *Das Gebet des Jabez* – ein Buch, das innerhalb von zwei Jahren in der phänomenalen Stückzahl von zwei Millionen Exemplaren aufgelegt wurde. Ich brachte mein Konzept zu Papier und schickte es an verschiedene Verlage, darunter auch an den, der *Das Gebet des Jabez* herausgebracht hatte. Dieser Verlag – und viele andere – lehnten meinen Vorschlag ab.

Ich überarbeitete ihn und schickte ihn noch einmal los. Dieses Mal gefiel er zwei Verlagen, und sie diskutierten darüber, ob sie den Titel in ihr Programm aufnehmen sollten. Ich war begeistert.

Leider bekam ich dann aber bald Briefe und E-Mails, in denen ich darüber informiert wurde, dass den Programmmachern die Idee zwar gefiel, sie mein Buch jedoch nicht herausbringen würden. Einer erklärte, dass es im Augenblick einfach zu viele Bücher über Gebet auf dem Markt gäbe.

Ich setzte mich wieder an den Schreibtisch und verfasste ein neues Konzept, das diesen Einwand berücksichtigte. Wieder einmal gefiel es einem Verlag, und sie berieten darüber, ob sie mein Buch herausbringen sollten. Und wieder einmal bekam ich eine Absage.

Ich dachte schon, dass all meine Bemühungen vergebens gewesen waren, und betete: „Gott, soll ich es mit dieser Buchidee noch weiter versuchen oder einfach aufgeben?"

Gott schien mir zu sagen: „Klopf weiter an. Ich stehe hinter dir."

Noch ein letztes Mal schickte ich mein Konzept an einen Verlag und wartete. Seit meinen ersten Briefen waren fast zwei Jahre vergangen. Dann signalisierte Denny Boultinghouse von *Howard Books* sein Interesse. Nach weiteren drei oder vier Monaten bekam ich eine E-Mail von Denny. Er war nicht nur an diesem Buch interessiert, sondern wollte noch ein anderes herausbringen, das ich ihm geschickt hatte. Schon bald hielt ich einen Vertrag über zwei Bücher in der Hand.

Wenn Sie mir auch nur ein wenig ähnlich sind, kann Warten Sie verrückt machen. Ich will, dass Gott mein Gebet *sofort* erhört. Doch ich werde immer wieder daran erinnert, dass ich zwar manchmal nur zu bitten brauche, meist aber suchen muss. Und oft muss ich laut und kräftig anklopfen. Das ist Gottes Art, etwas zu tun – das habe ich gelernt.

Natürlich erhört Gott nicht all unsere Gebete so, wie wir es gerne hätten oder von ihm erwarten, ganz egal, wie viel Glauben wir haben oder wie überzeugt wir sind, dass das, worum wir bitten, Gottes Willen entspricht. Wenn unser Gebet jedoch wirklich Hand und Fuß hat; wenn wir bitten, suchen und anklopfen, werden wir sehen, wie Gott eingreift! Das hat er versprochen.

11. Prinzip:

Mit der Bibel beten

Für Menschen, die viel beten und das Gebet ernst nehmen, kann die Frage nach Gottes Willen zu einem echten Knackpunkt werden. Was will Gott denn eigentlich? Wie sieht sein Wille in einer bestimmten Frage aus?

Wir wissen, dass ein Gebet nicht erhört wird, wenn es Gottes Willen nicht entspricht. Johannes schreibt in 1. Johannes 5,14-15: „Wir sind Gott gegenüber voller Zuversicht, dass er uns hört, wenn wir ihn um etwas bitten, das seinem Willen entspricht. Und wenn wir wissen, dass er uns hört bei allem, was wir bitten, dann wissen wir auch, dass wir schon haben, worum wir ihn bitten."

Diesen Vers kenne ich schon lange, und er hat mich oft verwirrt. Wie konnte ich wissen, ob etwas Gottes Willen entsprach, bis ich darum gebeten und Gott mein Gebet erhört hatte? Erst wenn der gesamte Prozess abgeschlossen war, konnte ich mir doch in dieser Hinsicht sicher sein.

Eines Tages jedoch begriff ich, wie ich immer und überall „dem Willen Gottes entsprechend" beten konnte: indem ich nämlich auf der Grundlage der Bibel betete. Wenn sie uns nämlich etwas sagt, was Gott für unser Leben will, ist das bis ins Detail Gottes Wille. Alles darin spiegelt Gottes Willen wider, abgesehen von gewissen Geschichten und Dialogen, die sich auf etwas anderes beziehen, wie zum Beispiel die endlosen Vorhaltungen, die sich Hiob von seinen Freunden anhören muss, oder die Lügen des Teufels bei der Versuchung Jesu (siehe Matthäus 4,1-11).

Wenn ich also jedes einzelne Gebet mit einer biblischen Wahrheit untermauern könnte, wäre ich sicher, dass ich dem Willen Gottes entsprechend bete. Manchmal erwies es sich als schwierig, einen Abschnitt zu finden, in dem es um mein aktuelles Problem ging, und hin und wieder war es sogar unmöglich. Doch oft wusste ich genau, wo ich suchen oder welchen Vers ich mir vor Augen halten musste, wenn ich betete, weil ich mich in der Bibel ganz gut auskannte und wichtige Verse auswendig lernte.

Darum ist dieses Kapitel von entscheidender Bedeutung. Mit der Bibel zu beten stellt eine der besten Möglichkeiten dar, mit Gott zu reden, denn sein Wort zeigt uns deutlich seinen Willen. Natürlich liefert uns die Bibel nicht allzu viele Anhaltspunkte, wenn wir darum bitten, dass das Kleinkind bald lernt, ohne Windeln auszukommen. Aber wenn wir darum bitten, dass unser Kind Gott kennenlernt und „immer mehr aus der Gnade unseres Herrn und Retters Jesus Christus“ lebt (2. Petrus 3,18), können wir sicher sein, dass das mit Gottes Plan übereinstimmt.

Wie fängt man es an, seine Gebete mit bestimmten Bibelabschnitten in Verbindung zu bringen? Zunächst einmal, indem man seine Bibelkenntnis verbessert.

Ich schrecke oft davor zurück, Menschen immer „dasselbe alte Zeug“ über christliche Lebensgestaltung zu erzählen, doch im Grunde ist es nicht sehr kompliziert, und es gibt dabei nur wenige Geheimnisse. Mit Jesus zu leben ist eine Frage der Aufmerksamkeit und ja, auch der Disziplin: Man liest regelmäßig und intensiv in der Bibel, lernt Abschnitte auswendig, die einen besonders ansprechen, und denkt darüber in stillen Momenten nach. Es geht nicht darum, eine Reihe von festgelegten Übungen zu machen wie etwa Kniebeugen und Liegestütze, sondern einfach darum, auf das Wort Gottes zu *achten* und es gut zu kennen.

Wenn Sie das tun, ist das ein guter Anfang, damit der Heilige Geist an Ihnen arbeiten kann. Wenn Sie einen Bibelvers auswendig kennen, kann Gott Ihnen diesen in Erinnerung rufen, wenn es nötig ist. Was schlecht geht, wenn Sie kaum Bibelverse kennen.

Eine ganze Reihe von Bibelversen eignen sich hervorragend zum Auswendiglernen. Die folgenden Verse sind schon mal ein guter Anfang:

- „Ich bin ganz sicher: Gott wird das gute Werk, das er bei euch angefangen hat, auch vollenden bis zu dem Tag, an dem Jesus Christus kommt“ (Philipper 1,6).
- „Was auch geschieht, das eine wissen wir: Für die, die Gott lieben, muss alles zu ihrem Heil dienen. Es sind die Menschen, die er nach seinem freien Entschluss berufen hat“ (Römer 8,28).
- „Eure Rettung ist wirklich reine Gnade, und ihr empfangt sie allein durch den Glauben. Ihr selbst habt nichts dazu getan, sie ist Gottes Geschenk. Ihr habt sie nicht durch irgendein Tun verdient; denn niemand soll sich mit irgendetwas rühmen können“ (Epheser 2,8-9).
- „Mein Plan mit euch steht fest: Ich will euer Glück und nicht euer Unglück. Ich habe im Sinn, euch eine Zukunft zu schenken, wie ihr sie erhofft. Das sage ich, der Herr“ (Jeremia 29,11).
- „Wende dich an mich und ich werde dir antworten! Ich

werde dir große Dinge zeigen, von denen du nichts weißt und auch nichts wissen kannst“ (Jeremia 33,3).

- „Der Herr ist mein Hirt; darum leide ich keine Not“ (Psalm 23,1).
- „Fürchte dich nicht, ich stehe dir bei! Hab keine Angst, ich bin dein Gott! Ich mache dich stark, ich helfe dir, ich schütze dich mit meiner siegreichen Hand!“ (Jesaja 41,10).
- „Ich bin immer bei euch, jeden Tag, bis zum Ende der Welt“ (Matthäus 28,20).
- „Zur Guten Nachricht bekenne ich mich offen und ohne Scheu. In ihr ist die Kraft Gottes am Werk und rettet alle, die der Botschaft glauben und sie im Vertrauen annehmen (...). In der Guten Nachricht macht Gott seine Gerechtigkeit offenbar: seine rettende Treue, die selbst für das aufkommt, was er vom Menschen fordert. Nur auf den vertrauenden Glauben kommt es an, und alle sind zu solchem Glauben aufgerufen.“ (Römer 1,16-17).
- „Macht euch keine Sorgen, sondern wendet euch in jeder Lage an Gott und bringt eure Bitten vor ihn. Tut es mit Dank für das, was er euch geschenkt hat. Dann wird der Frieden Gottes, der alles menschliche Begreifen weit übersteigt, euer Denken und Wollen im Guten bewahren, geborgen in der Gemeinschaft mit Jesus Christus“ (Philipper 4,6-7).
- „Denn Gott hat uns nicht einen Geist der Feigheit gegeben, sondern den Geist der Kraft und der Liebe und der Besonnenheit.“ (2. Timotheus 1,7).

Beginnen Sie mit diesen Versen und halten Sie sie sich beim Beten vor Augen. Erweitern Sie die Liste um weitere Stellen, die Sie ansprechen und die für Sie wichtig sind. Sie werden staunen, wie das Ihr Gebetsleben bereichern kann!

Vor einigen Jahren litt ich an ernsthaften Depressionen und trug mich sogar mit Selbstmordgedanken. Ich war verzweifelt und hatte das Gefühl, Gott hätte mich endgültig im Stich gelassen. Nur jemand, der so etwas selbst schon erlebt hat, kann ermessen, welche Finsternis einen in dieser Situation umgibt, und ich steckte sehr tief drin. Lange Zeit (es dauerte zweieinhalb Jahre, bis ich wieder gesund war) hatte ich das Gefühl, ich befände mich buchstäblich in der Hölle. In mir war alles finster, ich fühlte mich unsagbar allein und glaubte, dass nichts und niemand mir helfen könnte – mir drängte sich der Eindruck auf, Gott hätte mich fallen gelassen.

In dieser Zeit begann ich verschiedene Bibelabschnitte wieder und wieder zu lesen und Gott zu bitten, diese Verheißungen in meinem Leben zu erfüllen. Ein Abschnitt bedeutete mir besonders viel: Philipper 4,6-7, zwei Verse, die schon viele Christen auswendig gelernt haben, um sich in Notzeiten daran zu erinnern und an diesem Versprechen festzuhalten. Es geht darum, sich keine Sorgen zu machen, sondern stattdessen für alles zu beten, damit der Friede Gottes unsere Herzen und Sinne bewahrt. Ich habe den gesamten Text in der Liste oben zitiert.

Oftmals konnte ich die Angst meiner Seele bekämpfen, indem ich mich regelrecht im Gebet an dem Vers entlang „hangelte". Täglich neu beschloss ich für mich, mir keine Sorgen zu machen, und ich bat Gott, mich von dem Klammergriff zu befreien, in dem mich die Depressionen gefangen hielten. Immer und immer wieder bat ich, dass der „Frieden Gottes, der alles menschliche Begreifen weit übersteigt", in mein Herz kommen würde, und dankte Gott für das, was er in meinem Leben bereits an Positivem bewirkt hatte und noch bewirkte.

Das half mir – allerdings nicht unbedingt in Form von sofortiger Heilung, sondern immer nur für die Bewältigung des aktuellen Tages und des aktuellen Schrittes. Ich betete sehr lange so, bevor ich die Depressionen vollständig überwunden hatte, doch selbst in den dunkelsten Zeiten erlebte ich manchmal, dass meine Stimmung sich besserte, und ich erlebte Phasen, in denen ich ein normales Leben führen konnte. Dennoch hatte ich weiterhin täglich mit der Vorstellung zu kämpfen, dass Gott mich im Stich gelassen hatte und dass es nun immer so weitergehen würde. Immer wieder las ich in der Bibel, klammerte mich an die ermutigenden Aussagen darin und bat Gott, mir die Sicherheit zu schenken, dass ich sein Kind war.

Im Herbst 1977, zwei Jahre nach dem Ausbruch der Depression, kniete ich vor meinem Bett und betete: „Gott, ich weiß nicht, warum das nicht aufhört. Ich weiß nicht, in welche Richtung ich mich bewege. Ich weiß nicht, welchen Plan du für mein Leben hast. Aber ich ordne mich deinem Willen unter, selbst wenn dein Plan für mich so aussieht, dass ich für den Rest meines Lebens depressiv bleibe. Ich bitte dich nur, dass du mir die Kraft und die Gnade gibst, das zu ertragen."

Ich spürte, dass ich einen Wendepunkt erreicht hatte und innerlich irgendwie losließ. Ich war völlig erschöpft und hoffte nur noch, den Tag zu überstehen. Doch es war mir ernst. Was ich gesagt hatte, meinte ich wirklich so. Niemals zuvor hatte ich mich Gott so völlig ausgeliefert.

Drei Monate später besserte sich meine Depression; nicht schlagartig, sondern ganz allmählich. Als ich eine neue Stelle als Jugendpastor in Indiana antrat, war sie ganz verschwunden. Nie wieder habe ich eine so schwere Depression erlebt.

Ich weiß nicht, ob meine Gebete in dieser Zeit wirkungsvoller waren als sonst, aber ich weiß, dass mein inständiges Beten mit der Bibel in der Hand eine mächtige geistliche Waffe war. In Klagelieder 3,22-23 lesen wir: „Sein Erbarmen ist noch nicht zu Ende, seine Liebe ist jeden Morgen neu und seine Treue unfassbar groß."

An Verse wie diesen klammerte ich mich in den Stunden und Tagen der Dunkelheit. Wenn ich mit diesen Worten der Bibel betete, kam es mir vor, als ginge Kraft von mir aus und flösse Kraft in mich herein. Obwohl meine Prüfung damit noch nicht vorbei war, zeigten die vielen Gebete, die ich vor Gottes Thron gebracht hatte, schließlich Wirkung, und ich wurde von meinen Depressionen befreit. Heute glaube ich, dass die Prüfung, die ich durchmachen musste, mich stärker, widerstandsfähiger und gehorsamer gemacht hat, als ich jemals zuvor war.

Diese Erfahrung lehrte mich, auch weiterhin mit den Worten der Bibel zu beten. In ihr kommt Gottes Wesen und sein Wille zum Ausdruck, und wir können mit Sicherheit davon ausgehen, dass Gott sich das, was in der Bibel steht, für unser Leben wünscht. Wenn wir auf der Grundlage dessen beten, was uns Gott in seinem Wort sagt, wird er meiner Meinung nach unser Gebet eher erhören, als wenn wir lediglich einen Schuss ins Blaue abfeuern.

Bibelstellen auswendig zu lernen kann sich als außerordentlich hilfreich erweisen. Doch unser Gebet muss sich nicht auf Verse beschränken, die wir auswendig wissen. Wir können mit den Worten der Bibel beten, indem wir einen Abschnitt lesen und als Gebet formulieren. Eine ganze Reihe von Gebeten des Apostels Paulus lassen sich hervorragend gebrauchen, wenn wir für andere Menschen beten möchten. (Unter anderem möchte ich hier erwähnen: Epheser 1,15-19; 3,16-19; Philipper 1,9-11 und 1. Thessalonicher 1,2-3; 3,10-13. Auch in den anderen neutestamentlichen Briefen lassen sich Gebete finden.)

Ein Abschnitt, den ich besonders gern benutze, ist ein Gebet des Paulus, das in Kolosser 1,9-12 steht. Lassen Sie diese Worte einmal auf sich wirken: „Deshalb hören wir auch nicht auf, für euch zu beten, seit wir von euch gehört haben. Wir bitten Gott, dass er euch mit all der Weisheit und Einsicht erfüllt, die sein Geist euch schenkt, und dass er euch erkennen lässt, was sein Wille ist. Denn ihr sollt ja so leben, wie es dem Herrn Ehre macht, und stets tun, was ihm gefällt. Dazu kommt es, wenn euer Leben als Frucht gute Taten aller Art hervorbringt, wenn ihr darin ständig fortschreitet durch die immer tiefere Erkenntnis dessen, was Gott für euch getan hat, wenn ihr, gestärkt von Gott mit seiner ganzen Kraft und göttlichen Macht, geduldig und standhaft bleibt in allem, was ihr zu ertragen habt, wenn ihr voll Freude dem Vater dankt, dass er euch befähigt hat, teilzuhaben am Leben seiner heiligen Engel im Reich des Lichts."

Dieser Abschnitt ist die reinste geistliche Schatzkammer. Paulus schrieb ihn ursprünglich den Kolossern, und ich bin sicher, dass er auch für andere so oder ähnlich gebetet hat. Sie können diesen Abschnitt als Vorlage benutzen, wenn Sie für Ihre Familie, für sich selbst und für andere beten. Stellen Sie sich einmal vor, dass Gott dieses Gebet erhört und all das einem Menschen zukommen lässt. Stellen Sie sich vor, dass er das für Sie täte!

Nein, stellen Sie es sich nicht einfach vor – fangen Sie an zu beten! Wenn Sie so für einen anderen Menschen eintreten, wird Gott Ihr Gebet erhören, weil es seinem Willen für uns alle entspricht, den eingeschlossen, für den Sie beten.

In Epheser 1,15-19 lesen wir noch mehr darüber, wie Paulus betete: „Weil das so ist und weil ich von eurem Glauben und eurer Liebe gehört habe – dem Glauben, der durch Jesus, den

Herrn, in euch lebt, und der Liebe zu allen Christen, darum danke ich Gott unermüdlich für euch, wenn ich in meinen Gebeten an euch denke. Und ich bitte den Gott unseres Herrn Jesus Christus, den Vater, dem alle Macht und Herrlichkeit gehört, euch durch seinen Geist Weisheit und Einblick zu geben, sodass ihr ihn und seine Heilsabsicht erkennen könnt. Er öffne euch das innere Auge, damit ihr seht, welche Hoffnung er euch gegeben, zu welch großartigem Ziel er euch berufen hat. Er lasse euch erkennen, wie reich er euch beschenken will und zu welcher Herrlichkeit er euch in der Gemeinschaft der heiligen Engel bestimmt hat. Ihr sollt begreifen, wie überwältigend groß die Kraft ist, mit der er an uns, den Glaubenden, wirkt."

Wir wollen uns einmal genau ansehen, wofür Paulus im Hinblick auf die Epheser bat:

- dass Gott ihnen durch seinen Geist Weisheit und Einblick schenken möge, ihn zu erkennen, und
- dass er ihnen das innere Auge öffnen möge.

Warum brachte er diese Bitten vor Gott? Damit sie begreifen konnten,

- welche Hoffnung Gott ihnen geschenkt hatte,
- „zu welcher Herrlichkeit er euch in der Gemeinschaft der heiligen Engel bestimmt hat",
- wie überwältigend groß seine Kraft ist, mit der er an den Menschen wirkt.

Dieses Gebet deckt einen Großteil der Bedürfnisse und Probleme im Leib Christi ab. Wie wäre es, wenn wir dafür beten würden, dass diese Zusagen im Leben jedes Christen – und auch jedes Nichtchristen – Wirklichkeit werden? Wir können uns vermutlich noch nicht einmal alles vorstellen, was passieren würde, wenn Gott solche Gebete erhören würde, doch wir wissen, dass es die Hoffnung auf das Ziel (Himmel, Vollkommenheit, ewiges Leben, Gerechtigkeit vor Gott, Liebe und Freude) einschließen würde; ebenso, dass Gott uns beschenkt und zur Herrlichkeit beruft (dazu zählt alles, was Jesus für uns im Himmel vorbereitet hat, und auch der Segen, den er uns im Alltag schenkt), und die überwältigend große Kraft Gottes (die Kraft und Fähigkeit, Sünde und Versuchung zu überwinden, die Kraft, ein gottesfürchtiges Leben zu führen, die Freude, wenn man ihm in jeder Hinsicht gehorcht).

Was für ein großartiges Gebet! Und doch ist es nur eins von vielen in der Bibel, die wir uns zu eigen machen können.

Ich habe die Erfahrung gemacht, dass solche Gebete eine enorme Kraft besitzen, die nicht nur auf mich selbst zurückwirkt, sondern auch auf die Menschen, für die ich bete. Was könnte alles passieren, wenn jeder Christ anfangen würde, für jeden Menschen zu beten, den er kennt? Ich glaube, das würde die Welt radikal verändern.

Wo finden wir gute Anstöße und Vorlagen für solche Gebete? Ich möchte Ihnen zehn Beispiele nennen:

▷ Matthäus 6,9-13. Das ist das sogenannte „Vaterunser“. Ich glaube nicht, dass es ein Gebet ist, das wir immer wieder vor uns hinsprechen sollen, sondern eine Vorlage, die wir benutzen sollen, wenn wir mit Gott reden. Wenn wir zum Beispiel beginnen: „Unser Vater im Himmel“, könnten wir hinzufügen: „Ich weiß, dass du der souveräne Herrscher bist, Herr, und ich vertraue darauf, dass du alle Pläne, die du für dein Reich hast, zu einem guten Ende bringen wirst.“ Wenn wir sagen: „Geheiligt werde dein Name“, könnten wir es zum Beispiel durch den folgenden Satz ergänzen: „Dein Name ist mir heilig, Herr. Du bist der Schöpfer von allem, und ich beuge mich vor dir und bete dich an.“ (Das soll natürlich nur ein Anregung sein; Ihre eigenen Gedanken und Worte sind gefragt.) Und so weiter. Benutzen Sie diese und andere Bibelstellen als Leitplanken oder als Sprungbrett für Ihr Gebet.

- Psalm 8. Das ist ein wunderbares Gebet, wenn Sie Gott anbeten möchten.
- Psalm 23, eine geniale „Vorlage“, wenn Sie Gott um Bewahrung bitten und ihm für seine Liebe danken wollen.
- Römer 12,1-2. Nehmen Sie diesen Abschnitt zu Hand, wenn Sie um Hingabe an und Engagement für Gott bitten wollen.
- Römer 12,9-21 bietet Ihnen viele fantastische Anregungen, um für Ihren Umgang mit Mitchristen zu beten.
- Epheser 4,15-32. Dieser Abschnitt eignet sich hervorragend, wenn Sie für Ihre Lebensgestaltung (und die anderer Menschen) beten wollen.
- Epheser 5,22-33 liefert Ihnen einige Anregungen, wie Sie für Ihre Ehe und den Umgang mit Ihrem Ehepartner bitten können.
- Jakobus 1,12-27 enthält eine Reihe von Gebetsanliegen für Sie persönlich und für andere.
- 1. Johannes 1,5-10 enthält gute Vorschläge, wie Sie für andere beten können, um im Licht Gottes zu leben.
- Johannes 17 beinhaltet das letzte Gebet Jesu, das er auf der Erde sprach. Ein großartiges Vorbild, wenn Sie für die Welt und für die Gemeinde beten.

Diese Vorschläge sind nur ein Anfang. Vergessen Sie übrigens nicht das Gebet des Jabez (1. Chronik 4,10). Es handelt sich um ein ganz kurzes Gebet, von dem Sie immer mal wieder Gebrauch machen sollten. Nachdem ich Bruce Wilkinsons bekanntes Buch über Jabez' kleines Bittgebet gelesen hatte, bat ich Gott regelmäßig darum, mich zu segnen, mein Gebiet zu erweitern, mir beizustehen und Unglück und Schmerz von mir fernzuhalten. Ich hatte den Eindruck, dass es eine gute Leitlinie für das persönliche Gebet darstellte und wert war, dass man hin und wieder Gebrauch davon machte.

Kurz nachdem ich begonnen hatte, dieses Gebet zu beten, belegte ich einen Kurs bei Carol Kent, einer bekannten Trainerin auf dem Gebiet der öffentlichen Vorträge, weil ich meine rednerischen Fähigkeiten verbessern wollte. Als praktische Übung hielten wir Kurzvorträge vor ein paar Leuten, die dann von den anderen bewertet wurden. Mitten in diesem Kurs kam eine Frau auf mich zu und sagte: „Ich glaube, der Herr wird Ihnen in nächster Zukunft viele Möglichkeiten schenken, Vorträge zu halten. Er hat mir gesagt, dass Sie bald vor einem großen Publikum sprechen werden."

Ich dachte nicht oft daran, doch bald danach nahm ich an einer großen Schriftstellerkonferenz teil, deren Vorsitzende verzweifelt nach einem Redner für den Hauptvortrag suchte, weil der ursprünglich eingeplante Redner wegen Krankheit abgesagt hatte. Sie bat mich, den Vortrag zu halten. Ich hatte die seltene Gelegenheit, an diesem Tag vor etwa 400 Menschen zu sprechen – zwar nicht das größte Publikum, vor dem ich jemals gestanden habe, aber doch ein ziemlich erlauchtes. Einige Leute, die mich auf dieser Konferenz gehört hatten, luden mich ein, bei ihren Veranstaltungen an anderen Orten in den USA zu sprechen.

Ich bin immer noch nicht sicher, in welchem Umfang wir das Gebet des Jabez als Muster für unser eigenes Gebetsleben gebrauchen sollten, aber ich weiß, dass Gott mich in einem Lebensabschnitt, in dem ich dieses Gebet oft sprach, reich gesegnet hat. Ich glaube, dass er jedes Gebet erhört, das wir im Einklang mit seinem Wort an ihn richten.

12. Prinzip:

Bibelstellen auswendig lernen

Meiner Meinung nach liegt der Schlüssel zu einem erfüllten Gebetsleben, welcher Art auch immer, darin, die Bibel zu kennen. Im Lauf der Jahre habe ich verschiedene Methoden kennengelernt, um das Wort Gottes zu verinnerlichen. Wenn wir die Bibel gut kennen, kommen unsere Gebete dem Wesen Gottes immer näher. Wir beginnen den Wunsch zu hegen, jedes Gebet mit einer biblischen Verheißung oder einem Auftrag zu verknüpfen. So können wir zuversichtlich sein, dass wir um etwas bitten, das Gottes Willen entspricht. Auf solche Gebete wird er mit Sicherheit antworten, wenn auch nicht unbedingt in dem von uns gewünschten Zeitrahmen oder genau auf die Art, die wir uns gedacht haben.

Bibelstellen auswendig zu lernen hat meinem Gebetsleben Auftrieb gegeben. Das ist eine erfreuliche Nachricht, und nicht einmal die einzige: Bibelabschnitte auswendig zu lernen muss außerdem nicht schwierig sein. Die von mir benutzten Methoden sind einfach und machen Spaß. Sehen Sie sie sich an, probieren Sie sie aus, und dann sehen Sie, ob Sie etwas davon für sich umsetzen möchten.

Die Bibelverslernkarten

Im Sommer 1972 nach meinem Collegeabschluss wurde ich Christ. Im Herbst entschloss ich mich, die Geschäftswelt vorerst noch nicht mit meinen Fähigkeiten zu beglücken. Stattdessen verbrachte ich meine Zeit im Skiort Stratton in Vermont. Ich jobbte als Küchenhilfe und bereitete Frühstück, Mittagessen und Abendbrot vor. Dazwischen lief ich Ski wie ein Verrückter und genoss die beste Zeit meines Lebens.

Eines Tages erhielt ich Informationsmaterial von einer christlichen Studentenorganisation, darunter auch ein Katalog mit Büchern und anderen Hilfsmitteln, die sich mit Jüngerschaft und Evangelisation beschäftigten. Ich beschloss, mir einige davon zu kaufen. Nachdem ich die Angebote durchgegangen war, entdeckte ich auf den letzten Seiten einen unauffälligen Hinweis auf sogenannte Bibelverslernkarten. Der Werbetext erklärte den Nutzen des Auswendiglernens von Bibelversen. Also fügte ich diesen Artikel meiner ohnehin schon langen Bestellliste hinzu.

Drei Wochen später erhielt ich einige Bücher, über 100 Traktate und meine Bibelverslernkarten. Ich riss das Päckchen mit den Traktaten auf und machte mich für die Piste fertig. Die Bücher legte ich ins Regal, in der Absicht, sie bei der nächsten Gelegenheit zu lesen. Doch die Lernkarten würdigte ich nur eines kurzen Blickes und stopfte sie dann in eine Schublade. *Im Augenblick habe ich dafür keinen Bedarf*, dachte ich, und dann ging ich los, um dem Skifahren zu frönen.

Sämtlichen Leuten, die mit mir im Skilift bergauf fuhren, drückte ich ein Traktat in die Hand. Ich war zufrieden mit mir und der Welt und pfiff vor mich hin. Doch an diesem Abend lief etwas schief. Immer wieder schossen mir lüsterne Bilder durch den Kopf und ich kam auf allerlei schlechte Gedanken. Ich bat Gott, mich vor diesem Ansturm zu retten, doch er schien plötzlich taub geworden zu sein. Nichts, was ich tat, konnte diesen Angriff auf meinen Verstand zum Stillstand bringen. Ich verstand es einfach nicht. In den etwa fünf Monaten, die ich nun Christ war, hatte ich mich von vielen Altlasten meines Lebens getrennt. Doch nun hatte ich den Eindruck, es stürme alles auf einmal wieder auf mich ein.

Am nächsten Tag fühlte ich mich sehr niedergeschlagen. *Wie war das mit den Bibelverslernkarten, die du hinten in deine Sockenschublade gestopft hast? Vielleicht solltest du dich einmal damit beschäftigen.*

Ich lief zur Wäschekommode, zog die Karten heraus und las mir die Anleitung durch. Bald begann ich schon meinen ersten Vers auswendig zu lernen: „Ich habe euch diesen Brief geschrieben, damit euch aufs Neue bewusst wird: Ihr habt das ewige Leben, so gewiss ihr euch zu seinem Sohn Jesus Christus bekennt" (1. Johannes 5,13).

Meine Erfahrungen mit Drogen und Alkohol vor meiner Bekehrung hatten mein Gedächtnis etwas in Mitleidenschaft gezogen, und ich musste den Vers eine Woche lang eisern wiederholen, bevor ich ihn auswendig konnte. Doch ich hatte einen Anfang gemacht. Diese Lernkarten und später noch andere Hilfsmittel wurden zu einer Säule meines geistlichen Lebens.

Viele Christen sind mit diesen Lernkarten, etwa so groß wie Visitenkarten, schon vertraut. Weil sie so klein sind, kann man sie überall mit hinnehmen. Schreiben Sie einfach die Verse, die Sie sich einprägen wollen, auf die Karten, stecken Sie einen Stapel in die Tasche und holen Sie sie immer dann heraus, wenn Sie etwas Zeit übrig haben – während Sie zum Beispiel in einer

Schlange warten, mit dem Zug fahren usw. Lesen und wiederholen Sie den Vers auf der ersten Karte, bis Sie ihn ohne nachzusehen auswendig aufsagen können. Vielleicht wiederholen Sie ihn in Gedanken immer wieder. Ihn laut auszusprechen ist zwar noch besser, jedoch nicht in jeder Situation angebracht. Fangen Sie mit der Stellenangabe an. Nachdem Sie den Vers aufgesagt haben, wiederholen Sie die Stellenangabe, um sie in Ihrem Gedächtnis mit dem Text zu verknüpfen.

Wenn Sie den ersten Vers gemeistert haben, gehen Sie zum zweiten über. Sie werden überrascht sein, wie schnell Sie fünf oder zehn Verse auswendig können. Achten Sie aber darauf, dass Sie sie regelmäßig wiederholen, denn andernfalls werden Sie sie schnell wieder vergessen. Meiner Erfahrung nach kann man 30 oder 40 Verse wiederholen, während man zum Beispiel beim Arzt im Wartezimmer sitzt. Sogar beim Autofahren können Sie die Verse wiederholen, indem Sie sie in Gedanken oder auch laut vor sich hinsagen. (Beschränken Sie sich dabei auf Verse, die Sie aufsagen können, ohne auf die Kärtchen zu schauen.)

Wenn Sie diese Methode benutzen, um zwei Verse pro Woche auswendig zu lernen, summiert sich das auf über 100 im Jahr! Wenn Sie bei der Stange bleiben, werden Sie in zehn Jahren über 1.000 Bibelstellen auswendig kennen. Stellen Sie sich einmal vor, was für ein Schatz damit in Ihrem Gedächtnis gespeichert ist!

Bibelverslernkarten sind zum Beispiel in christlichen Buchhandlungen erhältlich, oder Sie können sich entsprechende Arbeitsblätter im Internet herunterladen und ausdrucken. Vielleicht bevorzugen Sie auch eine andere Übersetzung als die auf den Lernkarten. Eine einfache Lösung besteht darin, Bibelverse auf kleine Blankokarten zu schreiben oder zu drucken. Im

Schreibwarenhandel oder in Computergeschäften bekommen sie perforierte Bögen aus festem Papier, die Sie bedrucken und hinterher an der Perforation auf Karteikartengröße bringen können. Wenn Sie alte Visitenkarten haben, die Sie nicht mehr benötigen, können Sie auch einfach die Rückseite verwenden. Wenn Sie in der Bibel lesen und auf einen Vers stoßen, den Sie auswendig lernen möchten, schreiben Sie ihn einfach auf eine Karte und prägen ihn sich ein.

Der Schlüssel liegt darin, bei der Stange zu bleiben. Viele Menschen fangen mit Begeisterung an, Bibelverse auswendig zu lernen, geben dann aber bald auf. Warum?

Sie befinden sich in einer Schlacht. Rechnen Sie damit, dass es dem Teufel nicht sonderlich gefällt, wenn Sie ernsthaft anfangen, Bibelstellen auswendig zu lernen. Er wird alle Hebel in Bewegung setzen, um Sie davon abzulenken – Fernsehen, die Versuchung, das auf die lange Bank zu schieben, Müdigkeit, Langeweile, finanzielle Probleme – alles, was Sie davon abhält, sich diese Verse einzuprägen, wird er Ihnen aufdrängen. Doch vergessen Sie nicht (und das ist übrigens auch ein großartiger Vers, den Sie gleich als erstes auswendig lernen können): „Er, der in euch wirkt, ist mächtiger als der, der diese Welt regiert" (1. Johannes 4,4).

Wenn Sie genug Verse zusammengetragen haben, möchten Sie es vielleicht mit der nächsten Methode versuchen, damit Sie nicht irgendwann einen ganzen Koffer voller Karteikarten mit sich herumschleppen müssen.

Die Bibelvers-Lernablage

Wenn Sie die Lernkarten über einen längeren Zeitraum benutzt haben, werden Sie bald so viele Verse zusammengetragen haben, dass Sie dafür eine eigene Brieftasche bräuchten. Außerdem wird es schwierig, all diese Verse nach einem sinnvollen System zu organisieren.

Diesen Punkt erreichte ich, nachdem ich etwa ein Jahr lang Bibelverse auswendig gelernt hatte, und zwar von gekauften Lernkarten und Karteikarten, die ich selbst beschriftet hatte. Doch dann stellte Garry Friesen, damals Doktorand am Dallas Seminary, einigen Studenten eine Methode vor, die er selbst als junger Christ angewandt hatte. Ich ließ mich dafür begeistern und lernte, die sogenannte „Bibelvers-Lernablage“ zu benutzen.

Ich benutzte weiterhin meine Lernkarten, um mir neue Verse einzuprägen, weil ich sie überall hin mitnehmen und zwischendurch herausholen konnte. Doch der Ordner half mir, jeden Vers, den ich gelernt hatte, systematisch wiederzufinden und zu wiederholen.

Und so funktioniert es: Die Bibelvers-Lernablage ist ein System, das mit Karteikarten arbeitet. Sie werden in drei Stapel aufgeteilt: zur Wiederholung an jedem Tag, in jeder Woche und in jedem Monat. Die Karten zur täglichen Wiederholung enthalten alle Verse, an denen Sie im Augenblick arbeiten und die Sie einmal täglich wiederholen müssen (in Verbindung mit Ihren Lernkarten). Die Karten zur wöchentlichen Wiederholung werden in sieben kleinere Stapel aufgeteilt, einen für jeden Wochentag. Jeden dieser Stapel gehen Sie dann am betreffenden Wochentag durch. Der Stapel mit den Bibelversen, die Sie einmal monatlich wiederholen wollen, enthält 30 nummerierte kleinere Stapel mit allen Versen, die Sie bereits so gut beherrschen, dass Sie sie nur einmal im Monat wiederholen müssen.

Mit diesem System konnte ich, wie ich bald bemerkte, bis zu 60 Verse mit einem Zeitaufwand von 15 bis 20 Minuten wiederholen.

Wie sieht das in der Praxis aus?

Jeden Tag gehen Sie, wenn Sie etwas Zeit haben (am besten regelmäßig und zu einer bestimmten Zeit, etwa nach dem Frühstück oder Mittagessen), an die Ablage und holen die Verse für diesen Tag hervor. Sagen wir mal, wir hätten Montag, den 21. März. Sie greifen nun nach den Stapeln, die Sie unter „Täglich", Montag" und „21." eingeordnet haben und wiederholen die Verse auf den jeweiligen Karten. Vielleicht haben Sie 5 neue Verse im „Täglich"-Stapel, 12 in der „Montags"-Gruppe und 32 für den „21." Schauen Sie sich die Bibelstellenangabe an, wiederholen Sie den Vers in Gedanken (oder auch laut), ohne auf die Karte zu schauen. Dann überprüfen Sie anhand der Karteikarte, ob sie ihn richtig in Erinnerung behalten haben.

So einfach ist das.

Damit haben Sie eine Methode an der Hand, mit der sie systematisch und regelmäßig Verse wiederholen können. Sie müssen sich keine Gedanken machen, wo und wann Sie welchen Vers wiederholen, denn sie sind alle in Ihrer Ablage enthalten. Die Arbeit mit der Ablage ermöglicht es mir, mehr als 2.000 Verse einzuprägen, indem ich mich eine Viertelstunde pro Tag damit befasse.

Dieses System ist darüber hinaus sehr flexibel. Es hilft Ihnen nicht nur, die Verse im Kopf zu behalten, weil Sie sie ständig wiederholen, sondern Sie können einen Vers, den Sie vergessen haben, in eine andere Abteilung verschieben, die Sie häufiger wiederholen. Hin und wieder habe ich entdeckt, dass ich einen Vers aus dem Monatsstapel nicht mehr richtig zitieren konnte. Dann verschob ich ihn einfach in den täglichen oder Wochenstapel, und bald war er mir wieder präsent.

Bei der Stange bleiben

Auch hier wird der Feind versuchen, Sie aus dem Gleis zu werfen, sei es durch Ablenkungen oder anderweitige Verpflichtungen. Lassen Sie sich nicht einwickeln und bleiben Sie dran!

Sie sollten allerdings auch aufpassen, dass daraus kein gesetzliches Ritual wird. Wenn Sie sich also bei dem Gedanken erwischen: *Oh oh, ich habe meine Bibelverse heute nicht gelernt!*, dann machen Sie sich wahrscheinlich zu viel Druck. Wenn Sie einmal einen Tag aussetzen, sollten Sie sich keine Vorwürfe machen. (Gott tut das jedenfalls ganz sicher nicht.) Machen Sie einfach am nächsten Tag weiter, vielleicht auch etwas länger, wenn Sie Zeit haben.

Wichtig ist, dass Sie durchhalten und nicht aufgeben. Wenn Sie sich einige Wochen an dieses Muster halten, haben Sie damit eine lohnenswerte Gewohnheit eingeübt, die Sie Ihr ganzes Leben lang beibehalten können.

Ganze Bücher auswendig lernen

Nachdem ich das Ablagesystem einige Zeit benutzt hatte, konnte ich die Mehrzahl aller Verse in einem bestimmten Buch der Bibel auswendig. Deshalb entschloss ich mich weiterzumachen und mir das ganze Buch einzuprägen. Das ist überhaupt keine riesige Aufgabe, wenn man sich erst einmal klar gemacht hat, dass man die Verse, die man bereits auswendig gelernt hat, miteinander verknüpfen kann, indem man noch einige Verse dazwischen lernt.

Dieser Prozess bereitete mir unglaublich viel Freude. Ich begann den Reichtum und die Kraft, die in den Worten der Bibel stecken, ganz neu zu schätzen. Immer noch machte ich weiter, und ganze Bücher wurden für mich lebendig. Ich begriff, warum der jeweilige Verfasser an einer bestimmten Stelle etwas erwähnt und an einer anderen eventuell etwas weggelassen hatte. Mein geistliches Leben wurde dadurch viel intensiver, als ich es jemals erwartet hätte.

Einer der Vorteile in diesem Stadium des Auswendiglernens liegt darin, dass der Heilige Geist selbst mich jeden Tag bei einem Entwicklungsprozess begleitete. Er half mir beim Lernen. Heute kann ich in einem sechswöchigen Zyklus alle Bücher wiederholen, die ich jemals auswendig gelernt habe, und immer noch neue in Angriff nehmen. Das Schöne ist, dass ich nur meine kleine Senfkornbibel dabei haben muss (mein „Taschenmesser" im Gegensatz zum „Schwert").

Ich mache es so, dass ich die auswendig gelernten Kapitel eines Buches an einem bestimmten Tag einer bestimmten Woche wiederhole, die auf einer Tabelle angegeben sind. Zu Anfang sah diese Liste folgendermaßen aus:

	Montag	Dienstag	Mittwoch	Donnerstag	Freitag
Epheser	1	2	3	4	5

Als ich mehr Bücher auswendig konnte, erweiterte sich diese Tabelle so:

Montag	Dienstag	Mittwoch	Donnerstag	Freitag
Epheser	Galater	Kolosser	Philipper	2. Timotheus

Dies führte schließlich zu dem sechswöchigen Zyklus, in dem ich alle auswendig gelernten Bücher wiederhole und mir daneben neue einpräge. Wenn ich zu meiner Gemeinde fahre (die etwa 20 Autominuten entfernt liegt), kann ich in der Regel 3 bis 5 Kapitel eines biblischen Buchs wiederholen. Wenn Sie sich erst einmal eingearbeitet haben, ist das nicht allzu schwierig.

Manchmal drossele ich das Tempo etwas, wenn ich diese großen Brocken wiederhole, und nehme mir Zeit, darüber nachzudenken. Manchmal verstehe ich dadurch eine Bibelstelle plötzlich besser.

Letzten Endes ist das Auswendiglernen von Bibelstellen eine Sache, die Ihnen am Herzen liegen muss – oder eben nicht. Wenn Sie es nicht wirklich wollen, werden Sie nicht bei der Stange bleiben. Es muss aus der Liebe zu Gottes Wort heraus geschehen, nicht weil Sie sich dem Pastor, einer Gruppe oder der Tradition verpflichtet fühlen. Die Methoden, die ich Ihnen hier genannt habe, sind nur als Leitlinien und Ausgangspunkt gedacht und machen Ihnen hoffentlich Mut, Gottes Wort auswendig zu lernen und zu verinnerlichen. Gebrauchen Sie sie und entwickeln Sie sie weiter, wie es für Sie am besten funktioniert.

Das Zehn-Sekunden-Gebets-Prinzip

Was hat das alles mit dem Zehn-Sekunden-Gebet zu tun? Je besser Sie die Bibel kennen, desto mehr werden Sie für viele verschiedene und konkret formulierte Anliegen beten, und Ihr Gebet wird auch inständiger werden. Und das wiederum macht Ihr Gebet effektiver.

In einer Gebetsgruppe, die ich in meiner Gemeinde besuche, bat uns die Leiterin neulich, unsere Lieblingsverse aus der Bibel zusammenzutragen. Dann beteten wir anhand von diesen Versen füreinander und für die ganze Gruppe.

Jemand zitierte Philipper 4,6-7, einen Abschnitt, der vielen vertraut ist: „Macht euch keine Sorgen, sondern wendet euch in jeder Lage an Gott und bringt eure Bitten vor ihn. Tut es mit Dank für das, was er euch geschenkt hat. Dann wird der Frieden Gottes, der alles menschliche Begreifen weit übersteigt, euer Denken und Wollen im Guten bewahren, geborgen in der Gemeinschaft mit Jesus Christus." Ein anderer erinnerte uns an Philipper 1,6: „Ich bin ganz sicher: Gott wird das gute Werk, das er bei euch angefangen hat, auch vollenden bis zu dem Tag, an dem Jesus Christus kommt." Auch Psalm 119,11 wurde erwähnt: „Was du gesagt hast, präge ich mir ein, weil ich vor dir nicht schuldig werden will."

Wir begannen, auf der Grundlage dieser Bibelworte füreinander zu beten, und wir alle spürten, dass von diesen Gebeten eine besondere Kraft ausging. Wir hatten den Eindruck, dass unsere Fürbitten inständiger waren und den Nagel auf den Kopf trafen, und das Beten machte uns mehr Freude als sonst.

Diese Kraft hat Gottes Wort. Nehmen Sie sie in Anspruch!

13. Prinzip:
Gebetszyklen

Die meisten von uns haben das Problem, dass ihnen beim Beten manchmal die Themen ausgehen. Wenn wir Gott gebeten haben, uns das Wohlwollen des Chefs zu sichern, dem wir Freitag einen entscheidenden Bericht vorlegen müssen, das kleine Problem mit unserer Mutter zu lösen und der krebskranken Nachbarin neue Hoffnung zu geben, fällt uns nichts mehr ein, wofür wir noch beten können. Eigentlich haben wir uns vorgenommen, wenigstens eine Viertelstunde zu beten, und wir haben erst anderthalb Minuten davon verbraucht. Was sollen wir mit den anderen dreizehneinhalb Minuten anfangen? Einfach nur vor uns hinsummen?

Ein Gebetszyklus kann uns hier helfen.

Im Grunde ist der Gebetszyklus nichts weiter als eine Liste von Menschen und Dingen, für die ich bete. Ich trage ein Blatt Papier in meiner Brieftasche herum, dass ich auf beiden Seiten beschrieben habe. Ich habe keine systematische Methode, nach der ich vorgehe – ich nehme die Liste einfach zur Hand und mache da weiter, wo ich beim letzten Mal aufgehört habe.

Ganz oben auf dieser Liste steht beispielsweise meine Familie. Wenn ich diesen Zyklus beginne, bete ich also zunächst für meine Familie: Eltern, Schwester, Bruder, Onkel, Tanten, Großeltern, Cousins und Cousinen, ich lasse niemanden aus. Ich weiß nicht immer genau, was sie im Augenblick besonders nötig haben oder in welcher Lebenssituation sie sich gerade befinden, aber ich bringe sie im Gebet vor Gott. „Bitte pass auf Paul auf, Herr. Er neigt dazu, sich in Schwierigkeiten zu bringen. Und hilf bitte, dass Tante Shirleys Knieoperation gut gelingt." Bei jedem Namen halte ich inne, bringe alles vor Gott, was ich von ihren Problemen und Nöten weiß, und gehe dann zum nächsten.

Dann kommen meine Nachbarn an die Reihe: Die Hortons von gegenüber, die Starks nebenan und alle, die in unserem Häuserblock wohnen. Weil wir in einem größeren Viertel leben, bete ich für ziemlich viele Menschen. Ich bitte Gott darum, dass sie ihm begegnen und ihn lieben lernen. Bei anderen Menschen bete ich für ihre Kinder. Und bei einem Nachbarn bete ich für seinen Hund: Das Tier entwischt immer wieder vom Grundstück, und ich fürchte, dass es eines Tages auf die Straße rennt und überfahren wird. Ich bitte Gott auch darum, dass er mir hilft, anderen Menschen von ihm zu erzählen, wenn sich die Möglichkeit dazu ergibt.

Das Großartige an diesen Gebetszyklen ist, dass man jederzeit aufhören und beim nächsten Mal mit dem nächsten Punkt weitermachen kann. So kann man in seiner Gebetszeit viele wichtige und auch weniger wichtige Anliegen vor Gott bringen. Ein solcher Gebetszyklus liefert eine praktisch unendlich lange Liste von Menschen, Problemen, Organisationen und Situationen, für die man beten kann. Hier noch einige weitere Beispiele für Gebetsanliegen, die ich bei verschiedenen Gelegenheiten vor Gott bringe:

- Christliche Organisationen: Jugend für Christus, Bibelgesellschaften rund um die Welt, Campus für Christus, das Missionswerk von Billy Graham und andere,
- dass ich geistliche Frucht hervorbringe: Liebe, Freude, Frieden, Geduld usw.; dass ich geistlich wachse und in mir Eigenschaften, die Gott wichtig sind, immer deutlicher ausgeprägt werden,
- Christliche Leiter: Männer und Frauen von den Ausbildungsstätten verschiedener Konfessionen, Gemeindeälteste und Diakone, bekannte christliche Pastoren und Führungskräfte,
- Freunde und Kollegen auf der Arbeit,
- Freunde in meiner Gemeinde,
- Bekannte Sportler, Schriftsteller, Schauspieler und Musiker,
- christliche Verlagshäuser und Zeitschriftenmacher,
- Fernsehsender, Nachrichtensprecher,
- Menschen in Regierungsverantwortung,

Sehen Sie, wie sich die Liste immer mehr erweitert? Sie können die Kategorien auf mehrere Tage verteilen und haben dann an jedem Wochentag ein unterschiedliches Anliegen, für das Sie beten können.

Als ich angefangen hatte, für Hollywoodschauspieler und -schauspielerinnen zu beten, war ich begeistert, als ich hörte, dass einige von ihnen Christen geworden waren – unter anderem Jane Fonda, Gary Busey und Kirk Cameron. Lag das daran, dass ich gebetet hatte? Wahrscheinlich nicht. Doch der Gedanke, dass ich vielleicht einen kleinen Anteil an ihrer Hinwendung zu Gott hatte, gefällt mir.

Jemand hat mir einmal vom *Hollywood Prayer Network* erzählt: Eine Gruppe von Christen in Hollywood hat sich zusammengefunden, um für die Filmindustrie und die Menschen, die dort arbeiten, zu beten. Hunderte von Christen haben mit der Filmproduktion zu tun und würden nichts lieber sehen, als dass Gott in Hollywood seine Dinge in Bewegung bringt.

Sollten Christen für Menschen in aller Welt beten? Ich glaube schon. Und je mehr wir beten, davon bin ich überzeugt, desto mehr werden wir auch erleben, dass Gott eingreift. Wer weiß? Vielleicht sind Sie der Einzige, der für einen bestimmten Menschen betet, und eines Tages werden Sie im Himmel erfahren, dass es *Ihre* Gebete waren, die diesen Menschen in Gottes Arme getrieben haben.

Dass es Freude macht, mit Hilfe solch eines Gebetszyklus für eine große Anzahl von Menschen zu beten, liegt nicht nur daran, dass man Gebetserhörungen erlebt, sondern auch in der Gewissheit, dass Gott die Menschen sieht, für die wir beten – und zwar genau in der Situation, in der sie sich gerade befinden. Er kann in ihr Leben eingreifen, und er lässt sich von den Gebeten bewegen, die wir vor ihn bringen.

Vor einigen Jahren erhielt ich einen Anruf von einem Lektor, der christliche Bücher herausbrachte. Als er sich am Telefon vorstellte, wusste ich sofort, wer er war: Ich hatte schon jahrelang im Rahmen meines Gebetszyklus für ihn gebetet. Ich hatte ihn am Seminar kennengelernt, und als ich eine Liste zusammenstellte, setzte ich seinen Namen mit darauf. Doch ich hatte ihn seit unserem Abschluss 1977 nicht mehr gesehen.

Dann also, mehr als 20 Jahre später, rief er mich an. Er erzählte mir, was er benötigte, und ich versprach, ihm etwas zu schicken. Dann sagte ich ihm, dass ich all die Jahre für ihn gebetet hatte. „Ich hatte keine Ahnung, was du tust oder was du brauchst“, erklärte ich ihm, „aber ich habe Gott immer gebeten, dich zu segnen und zu bewahren.“

Er lachte. „Ich wünschte, ich könnte sagen, ich hätte dasselbe für dich getan. Aber danke! Und Gott hat mich im Lauf der Jahre wirklich reich gesegnet, vor allen Dingen in den letzten paar Jahren, seit ich Gott mit meinem neuen Arbeitszweig diene. Hör bitte nicht auf, für mich zu beten, und ich will daran denken, auch für dich zu beten."

In letzter Zeit habe ich mich bemüht, mit einigen Leuten, mit denen ich zusammen studiert hatte, wieder Kontakt aufzunehmen. Die meisten hatte ich nach dem Abschluss nicht wiedergesehen. Jedes Mal, wenn die Ehemaligenzeitung bei mir im Briefkasten landete, ging ich die Artikel begierig durch, in der Hoffnung, Hinweise auf Freunde und Studienkollegen zu finden, doch in der Regel wurde ich enttäuscht. Namen und Gesichter, die ich nicht kannte, füllten die Seiten.

Vor einigen Jahren jedoch kam ein Verzeichnis von Ehemaligen heraus, und zwar einschließlich ihrer E-Mail-Adressen. Also setzte ich mich mit einigen alten Freunden in Verbindung, in der Hoffnung, dass einige zurückschreiben würden. Manche taten das auch. Sie standen alle auf meiner Gebetsliste, und ich hatte jahrelang für sie gebetet. Nun bot sich mir die Gelegenheit, mit einigen von ihnen über Gott ins Gespräch zu kommen. Mit einem wechsele ich regelmäßig Mails, und wir hoffen, uns beim nächsten Ehemaligentreffen wiederzusehen. Er ist bisher kein Christ geworden, aber er hört mir zu, antwortet und stellt Fragen.

Beten bedeutet so viel mehr, als nur mit Gott über die eigenen Anliegen zu sprechen. Ein erweiterter Gebetszyklus wird *Sie persönlich* verändern, weil Sie bewusster auf die Nöte und Probleme um sich herum achten und Lust bekommen, wieder Kontakt mit Menschen aufzunehmen, die Sie schon lange nicht mehr gesehen haben. Und wenn ein Mensch oder ein Anliegen, für die Sie gebetet haben, sich positiv entwickelt, horchen Sie auf und fragen sich, wie sehr Ihre Gebete zu dieser Entwicklung beigetragen haben.

Machen Sie regen Gebrauch von Ihrem Gebetszyklus, und Sie werden überrascht sein, was Ihre Gebete alles bewirken können – und wie ein Teil dieser Kraft auf Sie zurückstrahlt, Sie segnet und Sie verändert.

14. Prinzip:

Der Gebetsorganizer

Eine wichtige Lektion über das Gebet habe ich von einem schwarzen Schaf der Richterzunft gelernt. Dieser unausstehliche Zeitgenosse tritt in einer Geschichte auf, die Jesus einmal erzählte. In Lukas 18,1-8 ist sie nachzulesen. Lukas leitet das Gleichnis ein, indem er sofort den springenden Punkt deutlich macht: „Mit einem Gleichnis zeigte Jesus seinen Jüngern, den Männern und Frauen, dass sie immer beten müssen und darin nicht nachlassen dürfen" (Lukas 18,1). Im Gleichnis vom ungerechten Richter zeichnet er das Bild eines Beamten, der wiederholt die dringende und verzweifelte Bitte einer armen Witwe ignoriert, ihr Gerechtigkeit zu verschaffen und sie vor ihren Feinden zu beschützen. Es stand in seiner Macht, ihr zu helfen; sie verfügte über keinerlei Möglichkeiten, außer der, ihn um Hilfe zu bitten. Und das tat sie auch, immer und immer wieder. Mit der Zeit bewegte ihr unaufhörliches Flehen selbst diesen selbstsüchtigen, ungerechten Richter, zu ihren Gunsten einzugreifen.

Erlebte er einen plötzlichen Sinneswandel, weil er einsah, dass er falsch gehandelt hatte, und entschloss sich nun, sich für Gerechtigkeit einzusetzen? Nein. „Schließlich sagte er sich: Es ist mir zwar völlig gleichgültig, was Gott und Menschen von mir halten; aber weil die Frau mir lästig wird, will ich dafür sorgen, dass sie ihr Recht bekommt. Sonst kratzt sie mir noch die Augen aus" (Lukas 18,4-5). Jesus fasste zusammen: „Wird dann nicht Gott erst recht seinen Erwählten zu ihrem Recht verhelfen, wenn sie Tag und Nacht zu ihm schreien? Wird er sie etwa lange warten lassen? Ich sage euch: Er wird ihnen sehr schnell ihr Recht verschaffen" (Lukas 18,7-8).

Der ungerechte Richter half mir zu begreifen, dass wir manchmal vielleicht nur ein einziges Mal für ein Anliegen zu beten brauchen, in anderen Fällen aber Gott „auf die Nerven gehen" sollen. Doch wie konnte ich das tun, wenn es in der Welt so viele Nöte und Probleme gab und so viele Menschen meine Gebetsunterstützung brauchten?

Ich begriff, dass es von Nutzen sein würde, meine Gebetsanliegen übersichtlicher zu organisieren. Eins der besten Organisationsinstrumente, die ich für meine Gebetszeit entdeckt habe, ist etwas, das ich einen „Gebetsorganizer" nenne.

Als ich in den 1970-er Jahren das Predigerseminar besuchte, kam ich mit einigen Jüngerschaftsgruppen in Kontakt, die von besagtem Doktoranden namens Garry Friesen ins Leben gerufen worden waren. Heute ist er Autor und Collegeprofessor, und damals entwickelte er eine Gebetsmethode, die ich unglaublich hilfreich fand.

Der Gebetsorganizer funktioniert im Grunde wie die Bibelverslernkarten, von denen in Kapitel 12 die Rede war. Das Herzstück dieses Systems sind die Karteikarten. Jedes Gebetsanliegen schreibt man oben auf eine Karte. Daneben steht das Datum und die Angabe, womit dieses Anliegen in Verbindung steht. Das kann der Name einer Person sein, eine Organisation oder auch eine Veranstaltung. Wenn man erfährt, dass ein bestimmtes Gebet erhört worden ist, vermerkt man das auf der gleichen Karte. Dann wird sie in einem zweiten Organizer abgeheftet, in dem Sie die erhörten Gebete sammeln.

Nun aber wieder zurück zu Ihrem ersten Organizer für Gebetsanliegen. Legen Sie mehrere Bereiche an, dazwischen jeweils Trennblätter mit Reitern, und legen Sie die Karten mit den Gebetsanliegen dort ab. Im ersten Bereich sammeln Sie Karteikarten mit Anliegen, für die Sie täglich beten wollen. Sehr wichtige und drängende Probleme und Notlagen gehören in diese Unterabteilung: ein Freund, der an Krebs leidet, die Eheprobleme eines Verwandten, der sich zuspitzende Streit mit den Nachbarn – was immer Gott Ihnen aufs Herz legt und so wichtig ist, dass Sie jeden Tag dafür beten möchten.

Eine zweite Abteilung sollten Sie für Anliegen anlegen, für die Sie wöchentlich beten wollen. Hier sollten Sie zwischen den einzelnen Wochentagen von Montag bis Samstag jeweils wieder ein Trennblatt mit Reiter einlegen. Teilen Sie die Gebetskarten mit den Anliegen, für die Sie wöchentlich beten wollen, gleichmäßig auf die Wochentage auf. (Hierzu gehören nicht so dringende Angelegenheiten, für die Sie dennoch regelmäßig beten wollen.) Dann können Sie an jedem Tag die entsprechenden Karten hervorziehen und für die Anliegen beten – zum Beispiel die Bedürfnisse verschiedener Freunde oder Familienangehöriger, Ihre Ziele für die Zukunft oder Projekte, an denen Sie gerade arbeiten.

Im letzten Bereich bereiten Sie 30 Unterabteilungen vor, eine für jeden Tag des Monats. Teilen Sie die Karten mit den Anliegen, für die Sie monatlich beten wollen, in etwa gleich große Stapel auf. Hier gehören Anliegen hinein, die nicht so dringend sind wie die anderen, zum Beispiel entfernte Verwandte, über deren gegenwärtige Bedürfnisse und Wünsche Sie nicht so gut Bescheid wissen, sowie andere Themen, die zwar wichtig sind, Sie aber im Moment nicht so sehr persönlich berühren oder mit denen Sie nicht allzu häufig in Berührung kommen.

Wie Sie sich vorstellen können, kann solch ein Gebetsorganizer recht umfangreich werden. Aber darin liegt gerade der Sinn. Er gibt Ihnen die Möglichkeit, über lange Zeit für viele verschiedene Anliegen zu beten und sie nicht aus dem Auge zu verlieren. Doch wie es dem Zehn-Sekunden-Gebetskonzept entspricht, bietet Ihnen der Gebetsorganizer die Anliegen häppchenweise an, damit Sie sie bewältigen können.

Und so können Sie dieses Prinzip in die Praxis umsetzen: Jeden Tag suchen Sie sich vor Ihrer Gebetszeit – ob nun beim Spazierengehen, in Ihrem Zimmer oder an einem anderen Ort – die entsprechenden Kärtchen heraus: diejenigen, die Sie täglich benutzen (dieselben für jeden Tag), für den entsprechenden Wochentag (zum Beispiel Donnerstag) und das aktuelle Tagesdatum (sagen wir einmal den 8. des Monats). Dann gehen Sie die Karteikarten nacheinander durch und bringen jedes Anliegen kurz vor Gott. Wenn er reagiert, vermerken Sie auf der Karte, was geschehen ist, und legen die Karten in Ihrem Hefter für beantwortete Gebete ab.

Das bringt uns zu einem besonderen Vorzug dieses Systems: Weil ich auf jeder Karteikarte nur ein Anliegen notiere, habe ich genug Platz, um auch Gottes Reaktion auf das Gebet hinzuzufügen, wenn ich sie selbst erlebe oder davon höre. Das hat bei mir dazu geführt, dass ich inzwischen einen sehr umfangreichen Ordner mit all den Gebetserhörungen besitze, die Gott mir im Laufe meines Lebens geschenkt hat. Wenn ich einmal an Gott zweifle oder niedergeschlagen bin, muss ich nur diesen Ordner herausnehmen und die vielen Karten durchblättern, die ich über die Jahre angesammelt habe. Das ermutigt mich immer, denn ganz egal, wie bedrückend meine augenblickliche Situation mir auch vorkommt, werde ich daran erinnert, dass der Gott, zu dem ich jetzt bete, derselbe Gott ist, der damals meine Gebete erhört hat. Er interessiert sich wirklich für mich und meine Anliegen, und seien sie auch noch so „unbedeutend".

Wenn ich auf meinen Ordner mit den erhörten Gebeten zurückblicke, entdecke ich viele wunderbare Antworten Gottes, die mich ermutigen, weiterzubeten. Hier ein paar Beispiele:

Der Schlaganfall meines Großvaters

Im Frühling 1973, als ich ein knappes Jahr Christ war, erlitt meine Großvater einen so schweren Schlaganfall, dass er ans Bett gefesselt war und in einem Pflegeheim versorgt werden musste. Er konnte weder gehen noch sprechen. Meine Großmutter war der Verzweiflung nahe und meinte immer wieder: „Das ist das Ende."

Ich hatte begonnen, wirklich und wahrhaftig an die Macht des Gebets zu glauben, und fastete und betete für meinen Großvater. „Herr, hilf, dass es Opa wieder besser geht, und bitte hilf Oma, inmitten dieser Tragödie wieder neue Hoffnung zu schöpfen." Ich fastete und betete, bis ich das Gefühl hatte, dass Gott mir zusagte, er habe das Gebet gehört und wolle eingreifen.

Mein Großvater konnte nach der Reha wieder laufen, sprechen und sogar Auto fahren – das machte ihm am meisten Freude –, und zwar noch viele Jahre. Er war 77, als er den Schlaganfall erlitt. Mit Gottes Hilfe wurde er über 90.

Der Streit ums Sorgerecht für meine Töchter

1991 hatte ich einen schwierigen Sorgerechtsstreit um meine Töchter durchzustehen. Ich hatte alles daran gesetzt, meine Ehe zu retten, doch es war nichts zu machen. Deshalb war es für mich von allergrößter Bedeutung, wenigstens das Sorgerecht für meine beiden Töchter zu bekommen. Ich war allerdings in dieser Angelegenheit völlig machtlos. Mein Anwalt meinte wiederholt zu mir, dass ich das Sorgerecht niemals bekommen würde, solange meine Kinder gesund seien und es ihnen augenscheinlich gut ging.

Ich betete ständig darum, dass Gott mir die Möglichkeit schenken würde, meine Kinder zurückzubekommen. An einem Freitagabend erhielt ich einen Anruf von der Polizei. Sie informierten mich darüber, dass man gegen mich Anzeige wegen Kindesmisshandlung erstattet hatte. Eine Polizistin und ein Sozialarbeiter würden am folgenden Montag eine Untersuchung gegen mich einleiten. Ich war vollkommen vor den Kopf geschlagen, konnte mir aber gleichzeitig denken, dass es dabei um einen Schachzug der gegnerischen Partei ging.

Voller Angst und gleichzeitig zornig legte ich auf. Ich schüttelte meine Faust gen Himmel und rief: „Gott, wenn das durchkommt, dann sind wir miteinander fertig!"

Eine Stunde später legte sich mein Zorn, doch die Furcht blieb. Ich wusste zwar, dass die Vorwürfe völlig aus der Luft gegriffen waren, doch ich wusste auch, wie schwer ich es haben würde, meine Unschuld zu beweisen, wenn ein Wort gegen das andere stand. Ich hatte Angst, dass die Regierung mir die Kinder für immer wegnehmen würde. Während das Verfahren lief, betete ich immer wieder, dass Gott eingreifen möge – bei den Ermittlern, bei dem Psychologen, der mit dem Fall betraut war, dem Richter, kurz, bei allen, die damit zu tun hatten.

Im Lauf der nächsten Monate kamen die zuständigen Ermittler und der Richter zu dem Schluss, dass die Kinder bei mir wohnen sollten. Ich gewann den Sorgerechtsprozess, und meine beiden Kinder durften bei mir aufwachsen.

Was wäre geschehen, wenn ich nicht gebetet hätte? Wenn andere nicht für mich gebetet hätten?

Ich will damit nicht sagen, dass ich der perfekte Vater bin, aber ich glaube, dass die beiden Mädchen es bei mir besser hatten. Aus den beiden sind heute ausgeglichene, lebenstüchtige junge Frauen geworden. Ich bin dankbar, dass Gott ihretwegen – und meinetwegen – eingriff. Und ich bin dankbar, dass ich solche Situationen und Gebete, aber auch Gottes Antworten darauf schriftlich festgehalten habe, denn so kann ich niemals vergessen, wie Gott auf meine Bitten reagiert hat. Wenn er heute Gebete erhört, begeistert mich das immer noch, und das wird auch immer so bleiben.

Natürlich geht solch ein Gebetsorganizer weit über das Konzept des Zehn-Sekunden-Gebets hinaus und gehört eher in den Bereich regelmäßiger und ausgedehnter Gebetszeiten. Doch letzten Endes will ich Ihnen mit diesem Buch auch Mut machen, länger zu beten und für Menschen vor Gott einzutreten, damit Ihr Gebet mehr Kraft gewinnt.

Vergessen Sie dabei aber nicht, dass es hier nicht darum geht, gesetzlich zu werden, die Zähne zusammenzubeißen und sich zum Gebet zu zwingen, damit Gott einem keine Schwierigkeiten macht. Ich bin überzeugt, dass Sie ganz von selbst mehr wollen, wenn Sie erst einmal entdecken, wie einfach und gut es ist, für sich selbst, Ihre Familie und Ihr Umfeld zu beten. Und wenn Sie sehen, wie Gott darauf reagiert, werden Ihre Begeisterung und Ihre Freude dazu führen, dass Sie noch mehr beten wollen.

Ist das nicht genau das, was wir uns wünschen – zu sehen, dass Gott in unserer Welt etwas tut? Legen Sie los!

Warum Beten wichtig ist

Wenn Sie nur ein Kapitel in diesem Buch lesen, würde ich mir wünschen, dass Sie sich dieses hier vornehmen, denn es geht weit über bloße Methoden hinaus und befasst sich mit der Frage, warum wir beten. Einige der Methoden, die ich in den vorangegangenen Kapiteln vorgestellt habe, mögen Ihnen etwas ungewöhnlich vorkommen. Einige von ihnen lassen sich vielleicht nur schwer in Ihren Tagesablauf integrieren. Manche sind nicht ihr Fall oder interessieren Sie nicht – dann lassen Sie sie einfach weg. Doch ich hoffe, dass Sie einige der vorgestellten Methoden ausprobieren und herausfinden, welche davon für Sie hilfreich sind.

Im Lauf der Jahre, in denen ich das Zehn-Sekunden-Gebet praktiziert habe, habe ich unter anderem gelernt, dass ich nicht vollkommen bin. Ich habe gute und schlechte Tage. An manchen Tagen bete ich kaum. Man muss sich konzentrieren und anstrengen, um zu beten, und abgesehen von unserem inneren Schweinehund versucht auch der Teufel, uns aus dem Gleis zu werfen.

Das ist der Grund, warum ich mich in meinem Gebetsleben nach einem Grundprinzip richte, das immer und überall gilt, ob ich nun häufig meine Anliegen vor Gott bringe oder nicht. Dieses Prinzip ist ganz einfach: Bete für alles, noch bevor ein

Problem entsteht, wenn du von einem Problem gehört hast und sogar nachdem Gott dein Gebet erhört hat.

Man könnte diesen Satz auch kürzer formulieren: Bete für alles.

Es erstaunt mich oft, wie leicht man durch dieses Leben gehen kann, ohne groß über Gottes Weg und Plan nachzudenken. Allzu oft setze ich mich in Bewegung, ohne im Geringsten darüber nachzudenken, welche Richtung Gott vielleicht für mich für sinnvoll hält. Wenn Sie und Ihr Ehepartner sich zum Beispiel Kinder wünschen, denken Sie vielleicht nicht daran, dafür zu beten, bis Sie auf Schwierigkeiten stoßen: Sie versuchen es schon ein Jahr, und es hat immer noch nicht geklappt. Leider setzen wir das Gebet nicht besonders häufig an den Anfang. Wir fangen erst an zu beten, wenn etwas schiefläuft. Gebet wird zu unserer letzten Zuflucht.

Ich weiß, dass das für viele Menschen Standard ist, mich selbst eingeschlossen. Als ich anfing zu beten, bat ich immer um Hilfe in den großen Dingen: wenn ich den Job wechseln wollte, die Frau fürs Leben suchte, mich entscheiden musste, ob ich in einen anderen Bundesstaat ziehe oder andere wichtige Fragen. Selten kam es mir in den Sinn, dass Gott auch an den alltäglichen Kleinigkeiten beteiligt sein und vielleicht auch mal mehr zu mir sagen wollte als nur Ja oder Nein.

Schließlich jedoch dachte ich: Warum eigentlich nicht? Warum sollte ich nicht wegen solcher Kleinigkeiten beten? Wenn ich Gott von Anfang an einschlösse, würden viele Dinge vielleicht gar nicht erst aus dem Ruder laufen. So begann ich für alles zu beten. Wenn ich zum Beispiel mit dem Auto unterwegs war und mir einfiel, dass meine Frau mir aufgetragen hatte, das eine oder andere aus dem Supermarkt zu besorgen, konnte ich mir ja am Steuer keinen Einkaufszettel schreiben und betete deshalb: „Herr, hilf mir, alles zu behalten, damit ich nichts vergesse."

Das war eine unwichtige Angelegenheit. Mancher könnte sogar fragen: „Warum soll man für so etwas überhaupt beten?" Doch mein Standpunkt war: Warum nicht? Ich habe leider ein Gedächtnis wie ein Sieb. Warum sollte ich also Gottes Hilfe nicht auch bei so etwas in Anspruch nehmen? Hatte Jesus nicht gesagt: „Wenn ihr Gott um irgendetwas bittet, müsst ihr nur darauf vertrauen, dass er eure Bitte schon erfüllt hat, dann *wird* sie auch erfüllt" (Markus 11,24). *Irgendetwas*. Da ist also nichts ausgeschlossen.

Für manche Menschen ist es schwierig, in diese Richtung zu denken. Aus irgendeinem Grund klammern wir uns an den Glauben, dass Gott nur um große Dinge gebeten werden möchte. Doch wir sind seine Kinder, und wenn uns die kleinen Dinge Schwierigkeiten machen – zum Beispiel ein verlegtes Portemonnaie –, warum sollte er dann nicht auch davon erfahren wollen?

Vor einigen Jahren, als meine Tochter Alisha erst 8 oder 9 Jahre alt war, räumten wir ihr Zimmer auf. Dabei löste sich eine Schranktür aus den Angeln, und ich wollte sie reparieren. Ich redete mit mir selbst, während ich mich an die Arbeit machte: „Gut, wir müssen vorsichtig zu Werke gehen. Oben sitzt eine kleine Feder, die darf nicht herunterfallen, sonst ist sie weg." Versehentlich stieß ich gegen die Schranktür, und die Feder sprang heraus.

Ärgerlich lehnte ich die Tür gegen die Wand und machte mich auf die Suche nach der verschwundenen Feder. Ich konnte sie nirgends entdecken. Wie weit konnte sie herausgeschnellt sein? Sie musste sich doch irgendwo im Zimmer befinden.

Dann fielen mir ähnliche Erlebnisse ein, und ich betete: „Herr, hilfst du mir bitte, diese blöde Feder zu finden?"

Einen Augenblick danach sagte Alisha: „Papa, suchst du das hier?" Sie hielt mir die Feder hin.

Ich war verblüfft. Nur selten tat Gott in meinem Leben so etwas – und so prompt. Doch vielleicht lag der Grund dafür ja darin, dass ich nur selten für solche Dinge betete.

Bei einer anderen Gelegenheit erzählte mir meine Frau, dass sie sich eine alte Jukebox wünschte. Ich dachte nicht oft daran, doch nachdem wir unseren Gemeindebeitrag und unsere Rechnungen bezahlt, etwas Geld aufs Sparbuch eingezahlt und sogar eine kleine Summe für die Altersvorsorge zurückgelegt hatten, hatten wir noch Geld übrig – etwa 1.000 Dollar. Also begannen wir uns nach einer Jukebox umzusehen. Damals kannte ich eBay noch nicht, und deshalb fiel mir nur ein, dass ich die Kleinanzeigen durchsehen könnte. Ich betete kurz und ging dann los, um eine Zeitung zu kaufen.

Als ich sie an diesem Abend aufschlug, sprang mir gleich eine Anzeige für eine alte Jukebox in hervorragendem Zustand in die Augen, die für 1.500 Dollar angeboten wurde. Das war mehr, als wir bezahlen konnten, doch ich rief den Verkäufer an. Er erzählte mir alles Wissenswerte über das gute Stück, und ich sagte sofort Jeanette Bescheid. Wir fuhren hin, um sie uns anzuschauen, und ich bot dem Eigentümer 1.000 Dollar. Er legte den Kopf zur Seite, dachte nach und meinte dann: „Okay."

Wir hatten unsere Jukebox. Und ich vermute, dass das ein kleines Geschenk von Gott war.

Ein Freund von mir wühlte eines Abends in seinem Kleiderschrank und zog ein edles Jackett hervor. Er wollte es gerade anziehen, als er spürte, wie Gott ihm sagte, er solle es stattdessen in die Gemeinde mitnehmen und es einem ganz bestimmten Mann schenken.

Mein Freund war solche Eingebungen gewohnt, und er machte es genau so, wie Gott es ihm aufgetragen hatte. In der Kirche ging er auf den Betreffenden zu und gab ihm das Jackett. Der Mann war völlig verblüfft und meinte: „Genau dafür habe ich seit einiger Zeit gebetet!“

Kümmert sich Gott um eine verlorene Feder, eine Jukebox oder ein Jackett? Ich glaube schon.

Die Erfahrung hat mich gelehrt, dass ich für alles beten soll, große Dinge, kleine Dinge und alles dazwischen, ganz egal, für wie banal ich es halte – oder auch jemand anders.

Weil ich so viele Gebetserhörungen in kleinen Dingen erlebt habe, bete ich nun für praktisch jede Situation. Ich verwende dabei keine anspruchsvollen Formulierungen. Ich frage nicht lange danach, ob es Gottes Wille ist, dass ich jetzt dafür bete. Ich sage einfach: „Herr, ich brauche dich jetzt. Hilfst du mir?“

Nicht immer, aber öfter, als ich zählen kann, erfüllt er mir meine Bitten. Es erstaunt mich immer noch. So habe ich schon früh gelernt, dass Gott auch Gebete um kleine Dinge erhört.

Wie steht es aber mit den großen Dingen – wirklich gewaltigen Problemen, die ich unmöglich allein in den Griff bekommen kann, oder Ereignissen, die nur eintreffen, wenn ein mächtiger Gott dahinter steckt? Würde, wollte, konnte Gott auch solche Gebete erhören?

Es dauerte nicht lange, bis ich die Antwort begriff: Ja!

Ich wurde im August 1972 Christ und begann sofort, meine Familie mit dem Evangelium zu „bombardieren“. Mein Bruder reagierte leicht belustigt, meine Schwester war verwirrt. Meine

Eltern aber fühlten sich zutiefst getroffen, weil ich es wagte, infrage zu stellen, ob sie überhaupt „richtige Christen" waren.

Im Lauf der nächsten drei Jahre verschlechterte sich unsere Beziehung. Zwischen uns stand eine Mauer, und obwohl ich bald wieder aufhörte, sie mit der Bibel zu erschlagen und darauf hinzuweisen, dass sie Jesus bräuchten, war es eindeutig, dass sie fürchteten, ich könnte solche Themen in jeder beliebigen Unterhaltung wieder zur Sprache bringen. Wenn ich in den Ferien vom Seminar nach Hause kam, hatte ich den Eindruck, als schlichen alle auf Zehenspitzen um mich herum. Niemand stellte jemals eine tief gehende Frage nach meinem Leben oder gab mir eine Chance, darüber zu reden. Das störte mich gewaltig, und ich betete immer wieder dafür, dass es sich ändern möge.

Ich konnte nicht ahnen, was Gott tun würde, doch während meines dritten Studienjahres am Seminar rutschte ich in eine klinische Depression, über die ich in einem früheren Kapitel bereits geschrieben habe. Mit einem Mal hatte ich das Gefühl, Gott wäre komplett aus meinem Leben verschwunden. Ich fühlte mich verzweifelt, verloren, zerbrochen und verletzt. Ich wollte nur noch den Unterricht überstehen und dann schlafen.

Als ich in diesem Jahr zu Weihnachten nach Hause fuhr, konnte ich mich überhaupt nicht auf die Feiertage freuen. Niemand schien meine Gefühlslage zu verstehen, und ich fand auch nicht die richtigen Worte, um sie zu erklären. Mein Vater jedoch kümmerte sich mit besonderer Aufmerksamkeit um mich, und wir saßen oft bis spät in die Nacht zusammen und redeten darüber, wie es mir ging. Er ermutigte mich immer wieder, nicht vom Seminar abzugehen – das erwog ich ernsthaft – und meine Ziele und Lebenspläne nicht aufzugeben. Er meinte zu mir: „Eines Tages hast du das alles durchgestanden, und dann wirst du froh sein, wenn du nicht das Handtuch geworfen hast."

Ich wusste, dass er recht hatte, konnte aber nicht glauben, dass das eines Tages wirklich geschehen würde.

Meine Mutter verbrachte ebenfalls viel Zeit mit mir, baute mich auf und versicherte mir: „Diese schrecklichen Gefühle sind langsam und schleichend gekommen, und es wird lange dauern, bis sie wieder verschwinden. Aber verschwinden werden sie, das kann ich dir versprechen."

Ich lernte, mich auf meine Eltern zu verlassen, die mir immer wieder Mut zusprachen. Eines Abends fuhren mein Vater und ich von einem Familientreffen nach Hause. Ich war zutiefst verzweifelt, wusste nicht mehr, was ich sagen oder tun sollte, und stand kurz vor dem Abgrund. Dann sagte mein Vater: „Vor einigen Jahren habe ich eine Depression durchgemacht, die deiner sehr ähnlich war."

Ich drehte mich überrascht zu ihm hin. Mein Vater gab kaum jemals solche schweren Erlebnisse preis, oder überhaupt etwas so Persönliches. Ich fragte ihn, was damals geschehen sei.

„Du warst noch auf der High School und hast vermutlich nichts davon gemerkt", sagte er, „aber der Chef unserer Firma war bei einem Flugzeugunglück ums Leben gekommen, und sein Nachfolger wurde zu meinem erbittertsten Gegner. Er glaubte einfach nicht, dass ein Produkt von Verkaufsprofis an den Mann gebracht werden sollte. Offenbar war er der Meinung, die Sachen würden sich einfach von selbst verkaufen. Nun ja, ich war der Verkaufsleiter und damit sein natürlicher Feind. In jeder Konferenz machte er mich fertig. Schließlich rutschte ich in eine tiefe Depression ab."

Ich war ganz Ohr. „Wie hat sich das angefühlt? Und was ist mit dir passiert?"

„Ich hatte das Gefühl, dass ich in einem tiefen Loch steckte, aus dem ich nicht mehr allein herauskommen konnte. Manchmal fühlte ich mich ganz gut, aber dann, als hätte jemand einen Schalter in meinem Gehirn umgelegt, glitt ich wieder ab. Ich habe oft gedacht, dass ich da nie wieder herausfinden würde."

Natürlich stellte ich schließlich die Frage, die mir auf den Nägeln brannte: „Und wie bist du wieder herausgekommen?"

„Zunächst einmal habe ich mir eine neue Stelle gesucht." Er lachte. „Das hat schon mal geholfen. Aber es hat noch eine Weile gedauert, bis ich mich wieder wie ich selbst fühlte. Ich musste jeden Tag dagegen ankämpfen ... aufzugeben, mir eine Kugel in den Kopf zu jagen, die schrecklichen Gedanken loszuwerden, die mir durch den Kopf gingen. Aber allmählich wurde es besser."

„Wie lange hat das gedauert?"

Er schüttelte den Kopf. „Ein Jahr, vielleicht auch zwei."

Ich litt erst drei Monate unter meiner Depression. Doch Sie glauben gar nicht, wie sehr mir dieses Gespräch half. Ich hatte nicht nur auf der emotionalen Ebene wieder zu meinem Vater gefunden, sondern wusste nun auch, dass er verstand, womit ich zu kämpfen hatte. Das gab mir die Hoffnung, dass er mir durch diese schwere Zeit hindurchhelfen würde.

In den Jahren, in denen ich mich mit der Depression herumplagte, schrieben mir meine Eltern unzählige Briefe, riefen mich häufig an, schickten mir Geld und standen überhaupt zwischen mir und dem Abgrund. Irgendwann begriff ich, dass Gott mein Gebet erhört hatte: Er hatte den Bruch zwischen mir und meinen Eltern geheilt. (Der Riss zwischen mir und meinen Geschwistern konnte nicht so schnell überwunden werden.) Ich war erstaunt und dankbar, und doch stand ich vor der Frage:

Warum musste es erst zu etwas so Tiefgreifendem wie einer Depression kommen, damit das geschehen konnte?

Ich hatte keine Ahnung. Ich wusste nur, dass Gott aus etwas Schlechtem etwas Gutes hatte entstehen lassen. Das brachte mich zu der Überzeugung, dass er mich auch in anderen schwierigen Situationen begleiten würde. Und das hat er auch getan.

Später entschlossen wir uns als Familie, von Des Moines im Bundesstaat Iowa nach Chicago zu ziehen, weil Jeanette eine Stelle bei einem christlichen Magazin angenommen hatte. Wir hatten ein wunderschönes Haus in Iowa, das schönste, in dem wir jemals gewohnt hatten. Weil wir unser voriges Haus in Maryland noch nicht hatten verkaufen können, hatte uns meine Mutter die Anzahlung geliehen – mehr als 20 Prozent des Gesamtkaufpreises, sodass wir kein Darlehen aufnehmen mussten. Während wir uns Häuser in und um Chicago ansahen, hatten wir immer noch keinen Käufer für unser Haus in Maryland gefunden, obwohl wir viel dafür beteten, und nun mussten wir gleichzeitig noch ein weiteres Haus in Iowa loswerden. Unsere Immobilienmaklerin in Maryland versicherte uns, dass sie kurz vor einem Abschluss stehe.

An mehreren Wochenenden fuhren wir nach Chicago, und als wir uns die Häuser ansahen, die unseren Preisvorstellungen entsprachen, sank mir das Herz. Wir begriffen bald, dass wir für ein Haus wie unseres in Iowa gut 100.000 Dollar mehr anlegen mussten, als wir uns leisten konnten. Ich dachte schon, unser geplanter Umzug nach Chicago sei eine dumme Idee gewesen.

Ich machte mir auch Gedanken, wie ich meiner Mutter das geliehene Geld zurückzahlen und unser Haus in Maryland verkaufen sollte. Beide Probleme beschäftigten mich sehr. Selbst wenn wir beide Häuser verkaufen würden, mussten wir immer noch meiner Mutter den Kredit zurückzahlen. Dann hätten wir kaum genug Geld übrig, um eine Anzahlung für ein anständiges Haus in Chicago zu leisten.

Deswegen machte ich mir eine Zeit lang große Sorgen. Doch eines Abends rief meine Mutter an. Nach der Begrüßung kam sie gleich auf das Geschäftliche zu sprechen: „Ich weiß, du machst dir Sorgen, weil ich dir das Geld geliehen habe. Aber du sollst unbedingt wissen, dass ich von dir nicht erwarte, dass du mir das Geld in nächster Zeit zurückgibst. Ein Haus in Chicago kostet vermutlich mehr als eins in Iowa. Mir ist es lieber, dass ihr ein anständiges Haus kauft, als dass ihr mir den Kredit sofort zurückzahlt."

Ich war völlig verblüfft. Ich konnte nur ein paar Dankesworte stammeln (an meine Mutter und an Gott gerichtet) und dachte über die Möglichkeiten nach, die uns jetzt offenstanden. Als wir das nächste Mal nach Chicago fuhren, hatten wir wirklich neue Hoffnung geschöpft. Trotzdem brachte es nichts, sich auch etwas teurere Häuser anzusehen. Sie alle waren ihren Preis nicht wert. Ich konnte es nicht glauben.

In meiner Angst, dass wir schließlich in eine Bruchbude ziehen müssten, fiel ich eines Abends auf die Knie und betete. „Herr, ich bin wirklich enttäuscht von dem, was wir in Chicago gesehen haben. Ich glaube aber immer noch, du willst, dass wir dorthin ziehen. Bitte hilf uns, das richtige Haus zu finden. Du weißt, dass wir vier Zimmer für uns und die Kinder brauchen – sie haben alle ihr eigenes Zimmer gehabt, und das möchte ich ihnen nicht wieder nehmen. Dann brauchen wir ein Büro, weil Jeanette und ich als freiberufliche Autoren arbeiten. Und eine große Garage, vielleicht mit zwei oder sogar drei Türen, weil Jeanette so viel Zeug hat, von dem sie sich nicht trennen mag.

Und das Haus muss auch in unserer Preisklasse liegen." (Ich gab Gott eine Preisspanne vor, obwohl ich ziemlich sicher bin, dass er das bereits wusste.)

Ich holte tief Luft, weil ich das Gefühl hatte, meine Bitte sei zu unbescheiden, sogar ohne meine letzten Wünsche, die ich noch hinterherschob: „Ein ausgebauter Keller würde mir auch ganz gut gefallen ... und es müsste ein Haus sein, in dem wir auch Gäste empfangen können, denn ich werde vielleicht irgendwo als Pastor arbeiten. Ein eingezäunter Garten wäre auch schön, weil wir ja den Hund haben."

Ich wusste, dass ich ganz schön weit ging. Schon jahrelang hatte ich nicht mehr um so etwas Großes gebetet oder meine Vorstellungen so genau formuliert. Doch ich machte noch weiter: „Oh, und noch eine Sache ... Ich weiß, es klingt etwas unbescheiden, aber vielleicht könntest du uns mit irgendeinem Extra an unserem Traumhaus überraschen ... ich weiß auch nicht womit. Einfach eine kleine Aufmerksamkeit."

Ich holte tief Luft und sagte dann: „Wenn meine Bitte zu groß ist, verstehe ich das. Dein Wille geschehe."

Am nächsten Wochenende fuhren wir wieder nach Chicago. Unser Immobilienmakler gab uns eine Liste mit Häusern, und wir sahen sie durch. Manches klang vielversprechend, sprengte aber unsere Preisklasse. Ein Haus gefiel mir aber wirklich. Es hatte eine Garage für vier Autos – sie war größer als von uns benötigt –, doch das Haus selbst wirkte für uns nicht zu groß. Es hatte eine schöne Ziegelsteinfassade und wirkte einladend, sogar ein wenig aristokratisch. Die Gegend drum herum gefiel uns auch. Am besten daran war, dass sich das Haus nur geringfügig oberhalb unserer Preisklasse befand.

Wir schauten uns die Häuser an und erreichten schließlich das eine, das mich so angesprochen hatte. Ich war erstaunt:

Oben gab es drei Zimmer und einen weiteren Raum, den man als Wohnzimmer nutzen konnte. Wir entdeckten nacheinander alles, was wir uns gewünscht hatten: Ein Büro im Erdgeschoss, einen ausgebauten Keller mit einem fünften Schlafzimmer, einen eingezäunten Garten ... es war perfekt.

Ich machte einen Rundgang und fühlte mich wie im Himmel. Und dann entdeckte ich die Überraschung: einen Wintergarten mit einem Whirlpool. Ich persönlich mache mir nicht viel aus Whirlpools, aber Jeannette und die Kinder überschlugen sich vor Begeisterung. Nicole nahm mich zur Seite, sagte mir, welches Zimmer sie gern für sich hätte, und meinte dann: „Papa, dieses Haus *musst* du für uns kaufen." Alisha hatte sich auch schon ein Zimmer ausgesucht und sagte: „Papa, ich will diesen Whirlpool."

Ich war überrascht und überwältigt. Aber die Frage war: Würden die Verkäufer auf unser Angebot eingehen?

Wir kehrten ins Maklerbüro zurück, um ein Angebot aufzusetzen. Mein Makler sagte: „Wir bieten den Verkäufern zwölftausend Dollar weniger an, als sie fordern. Wahrscheinlich werden sie nur zwei- oder dreitausend heruntergehen, aber das müssen wir abwarten."

Ich betete noch einmal, gab das Angebot ab, und dann warteten wir. Die Verkäufer reagierten am nächsten Tag und boten einen Nachlass von 6.000 Dollar an! Wir erhöhten unser Angebot um 4.000, sie ließen noch 1.000 nach, und wir sagten: „Jaaa!" Es lag jetzt genau in der Preisspanne, die uns vorgeschwebt hatte.

Dieses Haus war das Schönste, in dem wir jemals gewohnt haben. Und etwas ganz Ähnliches geschah, als wir anderthalb Jahre später von Chicago nach Kansas City zogen.

Ehrlich gesagt bin ich erstaunt, was Gott tun kann und auch

tut, wenn wir ihn nur darum bitten. Ich will damit nicht sagen, dass er alles und jedes tut. Ich behaupte auch nicht, dass er sich um jede Kleinigkeit in Ihrem Leben vollumfänglich kümmert. Aber ich glaube, wir sollten das Gebet nicht als letzte Zuflucht betrachten, wenn alles andere nicht mehr funktioniert, sondern ihn sofort einbeziehen: „Herr, kannst du mir bitte helfen?"

Wie wir beim „Bitten-Suchen-Anklopfen"-Prinzip gesehen haben, erhört Gott unsere Gebete oft, indem er uns auffordert, selbst etwas dazu beizutragen. In den oben erwähnten Situationen musste ich selbst nach der Feder suchen, mich in den Anzeigen nach einer Jukebox umsehen und an einige Türen klopfen, um ein Haus zu finden. Vergessen Sie nicht, dass Jesus sagte: „Bittet und ihr werdet bekommen! Sucht und ihr werdet finden! Klopft an und es wird euch geöffnet!" (Matthäus 7,7). Ich entnehme diesem Vers, dass Gott unser Gebet manchmal erhört, indem er uns selbst aktiv werden lässt – wir bitten nicht nur, sondern suchen und klopfen auch an.

Ich behaupte auch nicht, dass Gott mit einem Mal alle Dinge zum Guten wendet, wenn Sie zum Beispiel darum bitten, von einer Krankheit geheilt oder von einer Last befreit zu werden, die wir alle in unserem Leben mit uns herumschleppen. Gott entscheidet, welche Gebete er erhört und wie er sie erhört, und er behält sich immer das Recht vor, Nein zu sagen. Doch meiner Erfahrung nach beantwortet er Gebete immer auf eine Weise, die neue Hoffnung schenkt: „Vielleicht", „Warte noch", „Eventuell später" oder sogar „Ich werde drüber nachdenken".

Der springende Punkt ist der: Wie können wir von Gott erwarten, dass er uns antwortet, wenn wir nicht einmal beten? Jesus forderte seine Jünger viele Male auf zu beten und fügte hinzu, dass sie niemals aufgeben sollten, weil Gott gut ist und alle ihre Bedürfnisse stillen will.

In der kleinen Gebetsgruppe in unserer Gemeinde beteten wir neulich für verschiedene Situationen, Menschen und Probleme. Eine Tornadowarnung zwang uns, unseren gemütlichen Gruppenraum im Erdgeschoss des Kirchengebäudes zu verlassen und Zuflucht im Keller zu suchen. Wir baten Gott, uns vor dem Unwetter zu schützen, doch danach griffen wir auch andere dringende Anliegen auf:

- ein Vater, dessen Frau ein Jahr zuvor an Krebs gestorben war und der nun drei kleine Kinder allein aufziehen musste,
- ein anderer alleinerziehender Vater, der drei seiner Pflegekinder adoptieren wollte,
- ein Missionar in China, der unter der Christenverfolgung litt,
- eine Frau, bei der zum zweiten Mal Krebs festgestellt wurde,
- ein junger Mann, dessen Freundin eine Woche zuvor bei einem Autounfall ums Leben gekommen war,
- ein Ehepaar, dessen Neugeborenes wenige Stunden nach der Geburt verstorben war,
- ein Mädchen im Highschool-Alter, das von zu Hause weggelaufen war und nun bei ihrem Freund wohnte,

Als ich an diesem Abend betete, war mir schwer ums Herz. Diese Geschichten gingen mir wirklich nahe. Was konnte man tun, um den Betroffenen zu helfen? Menschlich gesprochen waren wir kaum in der Lage, ihre Situation zu verändern und ihnen Trost zu spenden. Doch wir beteten zu einem Gott, der mächtig und liebevoll genug und zudem so an uns interessiert war, dass er jedem dieser Menschen helfen konnte – und auch wollte. Ich vertraute darauf, dass er nicht nur ihre Probleme und Nöte kannte, sondern auch am besten wusste, wie man ihnen begegnen konnte. In fröhlicher Zuversicht wandte ich mich an meinen Herrn, bei dem ich mich darauf verlassen konnte, dass er all diesen Menschen genau das schenken würde, was sie wirklich brauchten.

Was würde ich tun, wenn ich nicht so einen Gott hätte? Was wäre, wenn der Gott, an den ich glaube, nicht die Macht hätte zu helfen, wenn er nicht die Fäden in der Hand hielte oder nicht das Bedürfnis verspürte, Dinge in Bewegung zu setzen und zu verändern? Was wäre, wenn Gott nicht zu uns sprechen würde, uns trösten, helfen, führen, lehren oder beschenken würde, wie es Christen jeden Tag erleben?

Ich weiß, was ich tun würde, wenn mein Gott so schwach wäre: Ich würde ihm den Rücken kehren und mich nach einem anderen umschauen. Ich würde im Buddhismus, Islam oder anderswo nach jemandem suchen, dem ich die gravierenden Probleme in meinem Leben und dem anderer Menschen anvertrauen könnte.

Doch in Wahrheit ist es so, dass unser Gott uns innig liebt. Er begleitet uns und will immer zu unseren Gunsten eingreifen. Er umgibt uns und sieht uns und ist uns nah. Er will uns segnen und behüten, sein Angesicht über uns leuchten lassen und uns gnädig sein. Er kann im Leben eines Menschen wirken und die verfahrenste Situation verändern. Er kann zu einem Mann sprechen, dessen Namen ich nicht einmal weiß und der mit einem Mal alleinerziehender Vater von drei Kindern geworden ist. Dieser Mann wohnt Hunderte von Kilometern von mir entfernt, während ich in meinem kleinen Kämmerchen bete. Doch Gott kennt ihn – und er kümmert sich um ihn.

Gott kann den jungen Mann trösten, dessen Freundin ihm in einem furchtbaren Unfall entrissen wurde. Gott kann die üble Lage des Missionars in China verändern, dem ich höchstwahrscheinlich erst im Himmel begegnen werde, und er kann ihm die Kraft und den Mut schenken, weiterzumachen.

Unser Gott ist ein Gott, der Leben und Lebenslagen, Herzen und Ereignisse verändern kann. Unser Gott ist ein Gott mit unbegrenzter Macht. Er kann und will auf der Grundlage jedes einzelnen Gebets handeln, das Sie und ich vor ihn bringen.

Er ist der Gott, der *da ist.* An diesen Gott glaubte Josef, sogar dann noch, als in seinem Leben alles schieflief. Diesen Gott flehte Mose um Hilfe an, als er das große und widerspenstige Volk Israel aus Ägypten und durch die Wüste führte. Er ist der Gott, mit dem Paulus jeden Tag sprach und der den Apostel gebrauchte, um die ganze Welt umzukrempeln. Dieser Gott hat im Lauf der Jahrhunderte Christen in die Herrlichkeit geführt, selbst wenn das in dieser Welt den Tod in der Arena oder auf dem Scheiterhaufen bedeutete. Das ist der Gott, der auch Ihr Leben in die Hand nehmen möchte – wenn Sie ihm dieses Vorrecht einräumen. Dieser Gott wird Sie als einen ganz besonderen Freund willkommen heißen, Sie segnen und Sie bei sich im Himmel begrüßen, damit Sie für immer bei ihm sein können. Er wird Sie in die Lage versetzen, für Ihre Freunde, Ihre Brüder und Schwestern und Ihre Feinde zu beten, selbst im Angesicht von Tod und Verlust. Er wird Sie dahin bringen, auch für Dinge zu beten, die Sie für völlig unmöglich halten.

Doch Gott hat die Macht, das Unmögliche zu tun – und er ist an Ihnen so sehr interessiert, dass er es auch tun wird.

Warum? Weil er ein Gott ist, der jeden von uns mehr liebt, als wir uns es jemals vorstellen oder erhoffen könnten. Weil er ein Gott ist, der sich danach sehnt, dass Sie mit ihm Kontakt aufnehmen, der so gerne Ihre Gebete erhören möchte, die Sie heute Abend und für den Rest Ihres Lebens vor ihn bringen.

Hören Sie nicht auf, Gott zu vertrauen.

Hören Sie nicht auf zu bitten, zu suchen und anzuklopfen.

Und glauben Sie nicht, was Ihnen die Welt und der Teufel erzählen wollen: Gott hört jedes Gebet. Und eines Tages werden Sie erfahren, was Gott als Reaktion auf Ihre Gebete alles getan hat.

Setzen Sie sich also hin und beten Sie. Sie sind nicht allein. Wir beide knien vielleicht gerade jetzt an ganz unterschiedlichen Orten dieser Welt vor Gottes Thron und warten darauf, dass er erstaunliche Dinge in unserem Leben und unserer Welt tut, weil Sie und ich ihn darum gebeten haben.

Epilog:

Einige Tipps zum Beten in der Gruppe

Wenn ich mit kleinen oder auch großen Gruppen bete, versuche ich mich an einige Leitlinien zu halten, die Sie sich vielleicht auch zu eigen machen möchten:

- Fassen Sie sich kurz. Versuchen Sie niemanden mit Ihrer Beredsamkeit zu beeindrucken. Fangen Sie an zu beten ... und hören Sie bald wieder auf!
- Beten Sie für ein genau umrissenes Anliegen. Vermeiden Sie Allgemeinplätze wie zum Beispiel: „Gott, segne Afrika". Versuchen Sie, ein konkretes Anliegen zu benennen, das Sie vor Gott bringen.
- Anbetung sollte zum größten Teil Sache Ihres privaten Gebets sein. Manche Leute beanspruchen im gemeinschaftlichen Gebet viel Zeit, indem sie Gott mit allumfassenden Formulierungen loben wie zum Beispiel: „Gott, du bist wunderbar. Du bist groß. Du bist mächtig" – stimmt alles, aber es ist so allgemein formuliert, dass es nicht viel aussagt. Versuchen Sie auch hier, konkret zu bleiben, und fassen Sie sich kurz.
- Urteilen Sie nicht über die Art, wie andere beten. Manchmal muss ich um die richtige innere Haltung beim Gebet kämpfen. Es hat den Anschein, dass Satan mir immer Bemerkun-

gen zu den Gebeten anderer Leute einflüstert. „Was für ein Idiot!" „Komm schon, hör endlich auf zu faseln und mach mal einen Punkt." Oder: „So, jetzt spuck endlich aus, was du eigentlich sagen willst!" Denken Sie daran, aus welcher finsteren Quelle diese Gedanken stammen, und weigern Sie sich, ihnen nachzuhängen.

- Versuchen Sie nicht, „schön" zu beten. Sie müssen nicht geschliffen formulieren – sagen Sie, was Sie auf dem Herzen haben, direkt und ungefiltert.
- Beten Sie innerlich mit, wenn andere beten. Oft erklingt in mir eine Art Echo auf das Gebet eines anderen: „Ja, Herr, das möchte ich auch. Bitte erhöre dieses Gebet schnell." Oder: „Herr, das möchte ich unterstützen. Ich glaube, es handelt sich um ein ernsthaftes Problem, das dein Eingreifen fordert."

Im Lauf der Jahre habe ich an vielen Gebetsgemeinschaften in großen und kleinen Gruppen teilgenommen. Manche waren langweilig. Manchmal beteten besonders fromme Leute, die kein Ende finden konnten. In anderen Fällen hatte ich Schwierigkeiten, innerlich die richtige Haltung zu bewahren. Andererseits gefällt vielleicht auch nicht allen Leuten die Art, wie *ich* bete. Wir alle haben unsere Vorlieben und festgefahrenen Meinungen, und es geschieht nur allzu leicht, dass uns das vom Eigentlichen ablenkt. Eine der besten Möglichkeiten, in einer Gruppe zu beten, besteht meiner Erfahrung nach darin, einfach in Gedanken mit Gott zu reden, wenn man nicht gerade laut betet, und sich dem Geist Gottes zu öffnen. Achten Sie auch darauf, Gott Raum zum Reden zu lassen. Hören Sie auf das, was Gott sagt, und antworten Sie. Führen Sie eine Unterhaltung.

Das gemeinschaftliche Gebet kann viel Erfüllung bieten und Freude bringen. Laut der Bibel ruht eine besondere Verheißung darauf, wenn man zu mehreren für eine Sache vor Gott tritt. Und vergessen Sie nicht, allen Mitgliedern Ihrer Gebetsgruppe mein Buch zu empfehlen – damit würden nämlich *meine* Gebete erhört werden.